U0948013

绝对商机

移动互联时代的商业机会

王　卓◉著

中国财富出版社

图书在版编目（CIP）数据
绝对商机／王卓著．—北京：中国财富出版社，2014．8
（华夏智库·金牌培训师书系）
ISBN 978－7－5047－5318－2

Ⅰ．①绝…　Ⅱ．①王…　Ⅲ．①企业经营管理　Ⅳ．①F270

中国版本图书馆 CIP 数据核字（2014）第 177324 号

策划编辑　刘淑娟　　责任印制　方朋远
责任编辑　刘淑娟　　责任校对　杨小静

出版发行　中国财富出版社
社　　址　北京市丰台区南四环西路 188 号 5 区 20 楼　　邮政编码　100070
电　　话　010－52227568（发行部）　　010－52227588 转 307（总编室）
　　　　　010－68589540（读者服务部）　010－52227588 转 305（质检部）
网　　址　http：//www．cfpress．com．cn
经　　销　新华书店
印　　刷　北京京都六环印刷厂
书　　号　ISBN 978－7－5047－5318－2/F·2204
开　　本　710mm×1000mm　1/16　　版　　次　2014 年8月第 1 版
印　　张　12．75　　印　　次　2014 年8月第 1 次印刷
字　　数　165千字　　定　　价　32．00元

前　言

互联网环境下，下一个商机在哪里

随着生活、社会的变化，人们的要求也在不断产生，不断提高。在过去，我们也有商店，但是今天却出现了超市这个新兴的零售终端；以前也有公车，但是现在却出现了 TAXI；原来也有餐厅，但是如今各种特色的餐厅林立……人们只要有需求，商业就会用各种手段来满足。所谓找到商机，无非就是发现别人的需求。

今天，中国已经进入了虚拟经济和实体经济相结合的时代，谁也阻挡不住社会的发展和时代的进步，在潮流和趋势面前，谁先让别人改变观念，谁就会拥有市场，就会找到信息与商机。

互联网的出现，让地球人之间的距离变得越来越短！现代社会，人们已经离不开网络，网络给我们的生活带来了无尽的便利，同时也给我们带来了很多创业投资赚钱的机会。面对日新月异的技术手段，互联网带给我们的不仅有机会，还有挑战！

21 世纪是信息、网络的时代，离开了互联网，错过的不仅仅是一个机会，而是整整一个时代！今天，随着互联网的盛行，我国已经步入了一个快速发展的互联网时代！

未来的社会，必然会是一个行业细分的、新的互联网时代，随着各种网络手段的相互融合，技术平台和人们需求的相互结合，必然会创造出更多赢利模式。无论是成熟的传统企业，还是如火如荼的电子商务企业，抑或是以电信、银行、娱乐等为代表的与民生相关的企业，都在努力探索和践行 O2O 模式，因为 O2O 中孕育着极富创新性的商业模式。

在互联网时代，如何抓住商机？如何运用、把握新的利润和生存空间？如何运用新的工具为自己服务？如何找到新的创意点？如何实现模式的创新……为了给读者以答案，我们查找了大量的最新资料，专门编写了《绝对商机》一书。本书内容丰富，论述有据，是一本带领大家领略在网络环境下如何抓住商业机会的成功指南。

人们常说，互联网是创造奇迹的地方。在新的移动互联网时代，谁能抢占先机，或许就能再创行业发展的神话；就能抢先其他企业一步，创造出巨大的商业利益。

这是一个互联网时代，你准备好了吗？

这是一个充满机遇的时代，你准备好了吗？

作　者

2014 年 6 月

目录

Contents

互联网是一次新的商机，每一次新的机会到来，都会造就一批富翁。而每一批富翁的造就是：当别人不明白的时候，他明白他在做什么；当别人不理解的时候，他理解他在做什么；当别人明白了，他富有了；当别人理解了，他成功了。

——李嘉诚

谁是你的竞争者，你最大的竞争者就是传统思维、传统文化，所以你要花很长时间去传达一种新的文化、新的礼仪、对现代生活的理解。15 年前我做互联网，做电子商务，很多人觉得怎么会有人在网上买衣服，现在越来越多。

——阿里巴巴创始人马云

信息产业革命是人类有史以来最大的一次革命，也是人类几百年才有的一次机遇。

——美国总统克林顿

创新是做大公司的唯一之路。

——管理大师杰弗里

互联网已经从“网民”“网友”时代进入“网商”时代，等你看清楚时已经晚了。

——马云

如果错过互联网，与你擦肩而过的不仅仅是机会，而是整整一个时代。

——8848 老总王俊涛（中国互联网之父）

|第一章|

危机，还是机遇

互联网是一次新的商机，每一次新的机会到来，都会造就一批富翁。而每一批富翁的造就是：当别人不明白的时候，他明白他在做什么；当别人不理解的时候，他理解他在做什么；当别人明白了，他富有了；当别人理解了，他成功了。

——李嘉诚

来势汹汹的互联网络时代

在今天的社会中，网络已经成为人们生活中重要的、不可或缺的一个组成部分，在人们的日常生活中占据着重要的地位。从网络出现到现在，虽然只用了短短十几年的时间，但是网络已经渗透到了社会这个大机体的每一根毛细血管中。只要有适合的位置，有适合的时间，网络就会不断渗透进去。

有些人可能觉得，网络的急速发展会给人们的生活带来一些不必要的麻烦和问题。可是，从客观上来说，网络的广泛使用却将地球的各个细枝末节连接在了一起，让地球变得越来越小。无论你是在北京，还是在上海；不管你是在城市，还是在乡村；不管你是在国内，还是在国外……都可以与远方的朋友们互联信息、互通有无。

其实，网络不仅影响到了我们的生活，还对商业的发展造成了巨大的影响，给企业带来了更多的机遇。

从古到今，从商都是一个获利比较丰厚的行业。不可否认，改革开放之后，我国的整个商业局面发生了翻天覆地的变化，从商者的成功经验告诉我们：在今天这个快速发展的社会，想要获得物质的巨大满足，就要从商。可是，从商与网络有着怎样的关系呢？

对于淘宝商城、京东网、卓越网等这些大型的购物网站，绝大多数的人都很熟悉。如果离开了网络，这样的网站可以建立起来吗？他们可以实现赢利吗？答案当然是否定的！

而且，现在还出现了很多新的网络平台，例如：大家都熟悉并且精通的微博。微博的出现虽然只有短短的几年时间，可是现在哪个年轻人没有微博？哪个年轻人不是“微博控”？当然，我们在这里讨论的不是微博平台，而是这些新技术带给我们的商业契机。

今天，网络营销已经走向了一个顶峰。随着网络的出现，一些流行玩意儿相继出现……就这样，网络营销向前发展起来，所有的这一切都是为商业服务的。

当然，我们也不是说，只要有网络营销，商业才会向前发展。商业的发展不仅要依靠一系列的网络营销手段，本身也应该具有一定的实力，一定的吸引人的资本。例如：让自己的产品更加吸引人。现在，淘宝商城之所以受到大量消费者的欢迎，受到这么多人的追捧，其中的一个重要原因就是，进行了大量的网络营销活动，另一个因素则是网站的布局和建设。

不可否认，这种巨大的变革，简直就是一个奇迹！通过十几年的发展，**互联网和电子商务已经改变了我国的商业形态**。在十年前，对于很多人来说，足不出户通过网络买到基本生活品，是一条全国性的新闻。可是，在今天，很多人的第一购物渠道便是网店。

互联网对我国商业模式和形态的影响，着实令人惊奇！

变了，一切都在改变

互联网改变了商业模式！依托网络，企业依然可以有很大的发展空间。不难想象，互联网还会诞生一个个令人惊叹的商业模式！

互联网永远是诞生奇迹的地方，无论是卓越亚马逊，还是谷歌，这些公司都是凭借着互联网的影响力，创造了一个个的商业奇迹。毫

无疑问，这种奇迹在互联网中还将继续下去。

清晨，被手机铃声叫醒，起床；去洗手间时，用手机浏览最近几天的新闻。

上班途中，地铁里，公车上，人们都在举着手机或平板电脑查看邮件。

中午，和朋友一起聚餐。到了餐馆，寒暄之后就用手机“签到”；上了菜，掏出手机拍下照片，上传到微博。

下班路上，选择“愤怒的小鸟”，和那几只偷笑的猪来点厮杀，可以令人开心片刻。

晚上，睡觉前，用手机上个微博，浏览一下购物网站。

……

这样的一天，有没有你的影子？就这样，在不知不觉间，各种移动智能终端陪伴我们的时间越来越长，并在潜移默化间已经渐渐改变了我们的生活方式。

生活方式的变化折射出的是产业的变革，在固定电报电话、移动语音和台式机互联网之后，我国已经迎来了互联网的全新时代。数据显示，2011 年第三季度我国移动互联网市场规模达到 108. 3 亿元，同比增长 154. 6%，环比增长 38. 9%，整个移动互联网市场爆发之势初显。正因为如此，互联网正在成为一个行业热点。

今天，腾讯、阿里巴巴、百度、新浪等桌面互联网时代的巨头都已经迈出了“互联网”的步伐，不断推出新产品。三大通信运营商都已经投入重金，积极部署了互联网业务，构建了平台级的产品和运营基地。更值得关注的是，随着创业门槛的降低，基于互联网的创业潮正在兴起，并成为资本关注的热点。

今天，移动互联网已经成为信息产业中发展最快、竞争最激烈、创新最活跃的领域。不过，这一切都还仅仅是个开始，我国移动互联网的发展正在蔓延，它不仅改变了人们的生活方式，还带来了产业链的全面重构，通信、IT 制造、软件、出版、卡通等都在随之发生改变。不仅如此，互联网还催生出了新的产业形态、业务形态和商业模式。

随之而来的，是互联网业务的发展重心、用户消费方式和业务组织模式的重要变化。以应用程序为中心的应用商店模式改变了用户使用、购买互联网服务的方式。数据显示，在不到 3 年的时间里，苹果 App Store 的程序下载量已经多达 140 亿，通过 iTunes Store 已经售出了 150 亿首歌曲，成为全球最大的音乐零售商；iBook Store 已经下载了 1.3 亿本电子书，所有的主要出版商都已经加盟。

生活意义的背后是商业价值和产业机会！在互联网时代，“垃圾时间”的概念已经过时，等人、公交上、上洗手间……都是黄金时间。电子商务网站乐淘网发现，全天第一订单高峰期是早晨 6：00 ~ 7：30，最晚订单高峰期则是夜里 1 ~ 2 点——前者是早上起床上洗手间的时间，后者则是睡觉前。为此，乐淘把员工的上班时间调整到了早上 5：30。

除此之外，内容也在变化。制作和发布内容的成本变得越来越低廉，差异化程度高的 UGC 内容成为主流。以微博为例，从 2010 年年底到 2011 年 6 月底，我国的微博用户从约 6311 万跃升到 1.95 亿，增长率为 208.9%。

随着互联网的普及，互联网的影响不仅超越了互联网行业自身，还超越了作为降低成本、提高效率和拓展市场的工具的作用，日益广泛地影响到了几乎所有的行业，对企业的组织管理、商务模式和行业格局造成了重大的影响。

互联网打破了过去对于行业的界限，使得巨头纷纷把目光瞄准了

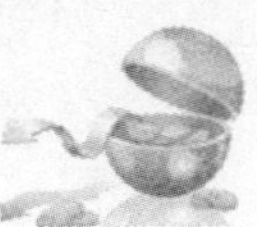

互联网。当手机中出现了音乐的时候，商家开始在线销售，个人则开始在网上理财，这已经超出了过去某个行业所辖的范畴。

互联网极大地释放了消费者的个性需求，产生了新的生活方式——互联网生活方式，而这种生活方式造就了新的利润区域。可以说，互联网正在导演新商业模式的上演。

目前，最热门的概念是Web2.0。在此之前，用户的互联网体验与看电视类似，都是在被动地接受服务提供商的内容。Web2.0则大大提高了用户的主动性，例如，视频共享网站和社交网站都使用户成为了内容创建者。

互联网越来越展现出互动的一面，这种互动让企业与消费者之间的距离逐渐缩短，传统企业们不得不接受“日渐强大的客户力量”这一事实。

在商业领域，这种方式正在颠覆传统的生产与消费关系，处于供应链下游的客户力量已经使每一种转变都成为自下而上的普遍现象，企业只有向服务转型，才能满足“客户力量”以及它们在追逐“个性化”方面的需求。不管是不是直接面对最终的消费者，任何一家企业都无法回避这一点。

谁打乱了原有的商业秩序

不知不觉中，越来越多的科技成果已经走进了我们的生式，改变了或者正在改变着我们的生活方式，对我们的未来产生了始料不及的巨大影响。

早在1999年，宽带网络才刚刚在世界上盛行。可是，经过这短短的十几年时间，网络、计算机、数字化媒体已经使我们的世界发生了天翻地覆的变化。人们的工作、生活，甚至是人类的战争等，都与科技发生了紧密的联系。

十几年前，为了查找资料，人们必须在图书馆里泡上一天，甚至更长时间。可是，在科技、互联网高度发达的今天，只要有一台电脑和一根网线，就可以在自己的家里快速地查阅到所需要的信息。这就是科技的力量！

从根本上说，传统的营销都是“看得见、摸得着”的有形商品，而网络却带来了不一样的视觉冲击力。**虽然人们看不见实物，却可以通过各式精致的图片、视频等方式进行浏览。这种营销模式自然会转变消费者关注的目光，当消费者将自己的目光投在那些吸引人的图片上时，就会引发购买兴趣，激起购买的渴望。**

当消费者对某种产品产生了渴望时，自然就会对产品进行具体搜索，从而加深对产品性能特点的记忆过程；当消费者确定好所有信息后，便会自然而然地采取行动，掏钱购买。而且，如果消费者习惯于将购买成功的“战利品”分享到公众平台，就更容易引起多方人群的关注……按照这个流程循环下去，就会形成一个以网络为载体的具有一定规律性的新型消费模式。

在这一过程中，网络会对消费者产生哪些影响呢？消费者会出现哪些实质性的改变呢？通常来说，主要包括以下几点：

1. 消费者心理的改变

在传统营销模式中，一套标准化的流水线生产方式及营销渠道沟通方式始终会压抑消费者的个性；而且，消费者必须接受集群式的服务。可是，在今天的网络时代，消费者对个性化消费行为与消费需求的追求，已经对消费的潮流形成了冲击，而社会生产技术水平的不断

提高、产品的多样化，正好为其提供了坚强的物质基础。

同时，消费者渴望购买产品和服务是从个体心理愿望的角度出发的，他们不断地制定新的购物准则，这就向商家发出了挑战。很多消费者开始追求网购这一充满乐趣的过程的体验，甚至用这个方法来为自己解压，消磨时间。

……

总之，通过网络，消费者更加注重在寻找生活乐趣的同时，满足自己的消费心理需求。

2. 消费者观念的改变

在传统营销模式中，高成本的渠道营销运作正在逐渐被网络的力量所同化。

网络具有巨大的开放性，随着网络的不断发展，消费者获得专业的服务与产品信息的渠道变得更加广阔。而 24 小时全天候的无时区、无地域限制的优势，更大大提高了消费者提取信息的效率，避开了传统营销模式的不便之处。

这种消费方式是有百利而无一害的，这就让消费者传统的消费观念发生了彻底的改变，他们不再消极地抱怨和等待，而会主动参与到网络营销活动中来，收集商品相关信息，进行比较分析，大大降低了购买风险。通过这样一个过程，**当消费者购买成功后，不仅会产生一种物质上的成就感，还会获得一种精神上的满足感。因为消费者认为，他们是消费的主角，他们亲身参与了这一过程。**

3. 消费者行为的改变

研究发现，网络使消费者的行为出现了以下几个方面的改变。

（1）上网更加积极主动。网络是一个巨大无比的信息源，其数据库的信息内容异彩纷呈。这种便利条件，可以让消费者养成“凡事都Google”的搜索习惯，他们会更加积极主动地去购买东西，购物欲也会更加强烈。

（2）消费者越来越追求个性。在今天的网络中，个性化的服务和产品越来越受到了人们的欢迎。有了网络，消费者就可以在网上定制个性化电脑、礼品、鲜花等商品了。

（3）消费者由被动的网购，变成了积极主动参与网购体验。

危机，还是机遇

21世纪是网络的世纪，随着高科技信息时代——网络时代的到来，全球信息网络化将成为社会发展的必然趋势。网络越来越深入我们的生活，它不仅带给了我们信息、跨地域交流等的便利，也给我们带来了很多机遇，我们要做的就是学会全面地利用好网络。

在世界500强企业名录中，每过10年，就会有1/3以上的企业从这个名录中消失。究其原因，春风得意之时正是这些企业衰落的开始，他们忽视了危机的存在。而在500强中长期站住脚的企业，则对危机意识有着另一种认识。

2000年11月16日，国家药检局公布，全国停止PPA药品在市场上的销售。其实，当初国家药检局公布的“黑名单”上一共有15家公司，可是由于中美史克的康泰克感冒药在市场上占据着龙头地位，于是媒体就将讨伐的焦点放在了康泰克身上。

康泰克的退出可能会空出20亿元人民币的市场，一些相关的

药厂意识到这一点，也开始落井下石。美国很多咨询公司认为，中美史克的“康泰克”品牌完了。

这件事情发生之后，康泰克立即停止了生产、销售可能危及人们生命安全的康泰克感冒药，并且向消费者道歉。他们以最快的速度推出了不含PPA的新康泰克，并且在广告和宣传中都对产品的新成分做了特别的强调。

接着，他们便开始了全方位、全通道的沟通——积极组织新闻恳谈会，正面回应媒体的各种疑问，对不同的人群做出允诺，并通过媒体将中美史克的声音传达到了各个群体当中……通过与所有受众体的积极沟通，赢得了所有受众体对新康泰克的支持，使中美史克在危机发生的16个月后，实现了4亿多元的销售收入，重新回到了感冒药老大的位置。

网络的飞速发展，已经成为一个广阔的传播平台和首选的营销平台。**中小企业网络营销经过了最早的抢注域名时代、黄页推广时代、搜索引擎时代、B2B商贸会员时代等各个方面的综合发展后，正在进入网络整合营销时代。**

传统的电视、报纸杂志、广播等，一般都广告费高、时间短、间隔长，很多刚起步的中小型企业难以负荷，而网络就提供了这样一个平台：廉价、门槛低、受众群庞大、传播速度快、范围广。而且，许多企业还发现，企业网站可以成为外界和客户了解自己的门户，因此企业也越来越热衷于网络营销推广，企业建站之风盛行开来。

今天，在激烈的市场竞争中，离开了网络媒体的支持，广而告之，是很难让自己的品牌长久地屹立在消费者的心中的！从斯沃琪的营销工程中可见一斑。

斯沃琪是瑞士名表的典范，具有世界名表中的青春力量。斯沃琪手表，色彩时尚缤纷，设计活泼，造型颠覆传统。靠着自己的不懈努力，它在极短的时间内就占据了全球爱好者的心，地位屹立不倒；他们不仅维持了既有的版图，还持续向其他领域延伸与发展。

斯沃琪（Swatch），名字中的“S”不仅代表了它的产地瑞士，还含有“second - watch”即“第二块表”之意，表示“人们可以像拥有时装一样同时拥有两块或两块以上的手表”。斯沃琪不仅是一种新型的优质手表，还给人们带来了一种全新的观念：手表不是一种昂贵的奢侈品和单纯的计时工具，而是一种“戴在手腕上的时装”。

在企业的网络营销中斯沃琪品牌发现，目前的网络营销都处在整合资源阶段，品牌企业只有将消费者从以前的单纯接收信息者演变为互动交流者，吸引他们参与进来，吸引他们积极体验，才能快速提升客户的忠诚度。

斯沃琪通过自己的网络营销，实现了两个目标：一是整合旧有资源，让旧有资源条件下的消费者开始接受新的传播方式；二是找到了更多的方式，令消费者在新的传播方式中培养交流习惯，建立了稳固的消费群体。除此之外，在Web2.0的个性化和信息自主权的条件下，斯沃琪还增进了消费者的自主性，开发了品牌（或产品）本身与网络营销之间密切联系的契合点。

斯沃琪知道，在未来网络营销可以成为研究消费者的平台，只要从中不断发现消费者的需求，就可以作为开发新产品和新业务方向的信息来源；网络平台可以聚集稳定的消费群体，可以利用该渠道来进行各类全新尝试，快捷而方便地完成这些事务。

在斯沃琪的网页上，为了增加整体营销力，他们没有使用单一的促销方法，而是在网站上，在网页的顶部、中部和底部都进行了不一样的促销。这就大大增加了斯沃琪产品的成交率！靠着好的网络营销手段，斯沃琪发现了大量的潜在顾客，创造出了极大的利润。

为社会的变革叫好

网络环境的出现不仅带来了生活方式的变化，还带来了商业模式的变革。在种种的变化中，存满了各种各样的机遇，为企业的发展带来了契机！着实应该为社会的变革大声鼓掌叫好！

作为新兴的热门行业，网络推广是互联网电子商务中重要的组成部分。随着科学技术的发展、网民数量的激增，网络推广在我国逐渐发展壮大，越来越多的企业尤其是中小企业，开始重视互联网领域的市场，对网络推广人才的需求不断增加。这样，就**带来了巨大的从业机会，更多的传统行业逐渐转向互联网，更多的互联网新人纷纷加入到了网络推广的队伍中。**

电子商务的发展增加了交易机会，降低了交易成本，提高了交易效率，简化了交易流程，改变了交易模式，带动了经济变革。从我国目前传统行业和企业的状况来看，电子商务是一种重要的变革力量。

在网络大行其道的时候，随时随地都能发现商机！那些善于抓住投资新机遇的“机会主义者”之所以能成功抢滩，成为创业先锋，关键一点就在于，他们捕捉到商机时能够果敢快速地投身进去，从而抢得先机。

在我们的身边，这样的例子举不胜举！

1. 新年的第一瓶

2009年春节，“可口可乐”了解到，消费者在不平凡的2008—2009年的情感交界，抓准了受众微妙的心态，倡导了“积极乐观”的品牌理念，推出了“新年第一瓶可口可乐，你想与谁分享?”这个新年期间的整合营销概念，鼓励人们跨越过去，冀望未来，以感恩与分享的情愫，营造出了2009年新年伊始的温情。

> 这个活动充分整合了国内年轻人热衷的大部分网络资源：社交型网站、视频网站，以及每日都离不开的手机。“可口可乐”利用社交型网站、视频等途径，让数以万计的消费者了解了“新年第一瓶可口可乐”的特殊含义，并积极参加了分享活动，分享了自己的故事、自己想说的话。

“可口可乐”不仅使用了在年节时最广为应用的短信拜年，向iCoke会员发出了“新年第一瓶可口可乐”新年祝福短信；还在iCoke平台上提供了国内首次应用的全新手机交互体验，拥有智能手机的使用者可以通过手机增强现实技术的科技，用户收到电子贺卡时，只要将手机的摄像头对准屏幕上的贺卡，就能看见一瓶三维立体的可口可乐在“新年第一瓶可口可乐，我想与你分享”的动态画面浮现在手机屏幕上……

新技术的大胆运用给年轻消费者带来了与众不同的超前品牌体验。活动开始之后，参与人数就随着时间呈几何数增长：超过500万的用户上传了自己的分享故事及照片，超过300万的SNS用户安装了定制的API参与分享活动，近200万的用户向自己心目中想分享的朋

友发送了新年分享贺卡。同时，论坛、视频网站和博客上，一时间充满了“新年第一瓶可口可乐”的分享故事。

除了惊人的数字外，消费者故事的感人程度与照片视频制作的精致程度，都显示了该活动所创造的影响力和口碑，证明了可口可乐在消费者情感诉求与网络趋势掌握方面的精准度。

2. 麦包包

麦包包利用淘宝网借鸡生蛋、借船出海，大浪淘沙之后，成就了金光灿灿的“淘品牌”。现在的麦包包做得风生水起、势如破竹，已经成为众多线上线下企业的标杆。那么，麦包包是如何破茧成蝶的？它是如何解决促销带给品牌的阵痛的？

麦包包创立于2007年9月，成立仅三年便获得了联想投资、DCM和挚信资本对其共计4500万美元的两轮投资，2010年销售额逼近4亿元。

麦包包的前身是一家专做箱包贴牌生产的企业，随着贴牌毛利率的下降和同质化竞争的加剧，2007年企业开始由OEM企业向品牌企业转型。然而，麦包包的品牌之路走得并不顺畅，开始的时候他们不仅建立了自己的B2C网站，还以加盟的形式在全国开设了60家连锁店。但实体店的投入产出比严重失衡，麦包包迅速转变了商业思维，从过“重”的实体模式向越来越“轻”的线上转移，将战略眼光投向了当时占有网购80%市场份额的淘宝网。

麦包包迈出的这一步，让其成功躲过了品牌创立初期被互联网淹没的浩劫。借助淘宝，麦包包凭借质优价廉的商品和优质的服务，短时间内积累了较高的人气和万级数量的购买用户，达到了数千万甚至上亿的销售规模。

随着“魔方包”的成功运营，麦包包品牌在淘宝上迅速走红，成为"淘品牌"大家庭中的一员。但麦包包并没有止步于"淘品牌"，而是进一步发挥了淘宝网信息受众面广的优势，将自己的独立 B2C 平台和品牌通过淘宝双双推向市场，借船出海，成为了我国最大的箱包 B2C 公司。

……

互联网带给我们的不仅有挑战，还有机遇。只要企业能够跟上社会潮流，积极利用最新的网络手段，勇于创新，积极创新，就能让自己获益颇丰！

本章小结

网络不仅影响到了我们的生活，还对商业的发展造成了巨大的影响，给企业带来了更多的机遇。

互联网让企业的发展进入了新的产业周期。它催生出了新的产业形态、业务形态和商业模式。

在今天的网络时代，消费者对个性化消费行为与消费需求的追求，不断冲击着消费的主流。

网络越来越深入我们的生活，尤其是我们这一代人。它带给我们信息、跨地域交流等便利的同时，也带给了我们很多机遇，因此要真正学会全面地利用好网络。

电子商务的发展增加了交易机会，降低了交易成本，提高了交易效率，简化了交易流程，改变了交易模式，带动了经济变革。电子商务是一种重要的变革力量，传统产业在电子商务的助力下，必将展开新的发展态势。

第二章

把握新的利润以及生存空间

谁是你的竞争者，你最大的竞争者就是传统思维、传统文化，所以你要花很长时间去传达一种新的文化、新的礼仪、对现代生活的理解。15 年前我做互联网，做电子商务，很多人觉得怎么会有人在网上买衣服，现在越来越多。

——阿里巴巴创始人马云

从淘宝、凡客诚品说起

网络的出现改变了现在和将来信息获取、处理和传播的方式，其巨大的信息容量、信息计算和组织能力、强大的交互功能、无处不在的连接能力和廉价的使用特征不仅给人们对时间、空间和信息等概念的认识造成了深刻的影响，还改变了人们交流沟通和交易的方式。现在，让我们就从淘宝、凡客诚品说起！

1. 淘宝

伴随着互联网技术和电子商务技术的发展，涌现出了一系列新的市场空间、市场手段、消费人群、消费观念、消费模式。阿里巴巴旗下的淘宝网是网上购物 C2C 模式的主力军，为网民提供了网上销售与购买商品的虚拟市场。

在淘宝网这个 C2C 平台上，淘宝网店的店主们能充分利用互联网的优势，将网络营销充分运用到自己的淘宝小店中，使得淘宝网店获得了更多的商机。

淘宝网是亚太地区较大的网络零售商圈，由阿里巴巴集团在 2003 年 5 月 10 日投资创立。淘宝网现在业务跨越 C2C（个人对个人）、B2C（商家对个人）两大部分。2013 年 10 月 31 日，淘宝网拿到了证监会颁发的基金第三方电子商务平台经营资质。2013 年 11 月 1 日中午，淘宝基金理财频道上线。

2012年，淘宝网已经拥有了近5亿的注册用户数，每天有超过6000万的固定访客，同时每天在线商品数已经超过了8亿件，平均每分钟售出4.8万件商品。截至2011年年底，淘宝网单日交易额峰值达到43.8亿元，创造了270.8万个直接且充分的就业机会。

随着淘宝网规模的扩大和用户数量的增加，淘宝也从单一的C2C网络集市变成了包括C2C、团购、分销、拍卖等多种电子商务模式在内的综合性零售商圈，已经成为一个世界范围的电子商务交易平台。

资料显示，2009年的淘宝网交易额为2083亿元人民币，2010年则高达4000亿元人民币，是亚洲最大的网络零售商圈。淘宝商城整合了数千家品牌商、生产商，为商家和消费者之间提供了一站式解决方案。

2. 凡客诚品

关注凡客诚品的体验营销和整合营销的这些环节，可以对凡客诚品（VANCL）所作的策略进行深入的洞察，为新一代品牌营销寻找新的突破口。

互联网是消费者学习的最重要的渠道，在新品牌和新产品方面，互联网的重要性第一次排在电视广告前面。凡客诚品采用广告联盟的方式，将广告遍布到了大大小小的网站。由于采用了试用的策略，广告的点击率也比较高，综合营销成本相对较低，营销效果和规模要远胜于传统媒体。

凡客诚品是由卓越网创始人陈年在2007年创办的，产品涵盖男装、女装、童装、鞋、家居、配饰、化妆品七大类。创立以来，

凡客凭借极具性价比的服装服饰和完善的客户体验，已经成为网民购买服装服饰的主要选择对象。是什么力量让一个名不见经传的品牌坐上行业前几把交椅？答案是：互联网推广！

2010年，凡客诚品邀请作家韩寒、演员王珞丹出任凡客诚品的形象代言人。

韩寒版广告语为“爱网络，爱自由，爱晚起，爱夜间大排档，爱赛车，也爱29块的T-SHIRT，我不是什么旗手，不是谁的代言，我是韩寒，我只代表我自己。我和你一样，我是凡客”。

王珞丹版广告语为“爱表演，不爱扮演；爱奋斗，也爱享受；爱漂亮衣服，更爱打折标签。我不是米莱，不是钱小样，不是大明星，我是王珞丹。我没有什么特别，我很特别，我和别人不一样，我和你一样，我是凡客”。

这样个性鲜明的凡客体，在豆瓣网、开心网等网站掀起了模仿狂潮，各路明星被恶搞。据不完全统计，当时有2000多张“凡客体”图片在微博、开心网、QQ群以及各大论坛上疯狂转载。此外，还有不少是网友个人和企业自娱自乐制作的“凡客体”。

互联网推广对凡客诚品产生了很大的效果，那网络推广是怎么开展的？

（1）网络广告投放。凡客诚品不仅在各大门户网站上投放了广告，还在一些比较大的专业网站也投放了广告。

（2）搜索引擎优化。首页的相关的代码。

（3）搜索引擎广告（竞价）。他们不仅做了百度的竞价，还做了Google的竞价，在网络推广中这是比较常见的渠道。

（4）电子邮件营销。他们给用户发送了一些促销的信息，让老客户回访网站。

（5）博客话题营销。以产品为话题，让多个博客写用户体验文章，从用户角度对产品进行体验式营销。

（6）网络媒体推广。利用网络媒体的报道提高品牌的影响力，增加对产品和网站的信任度。

（7）网络广告联盟。凡客诚品在多家网络广告联盟上投放了 CP 广告。CP 指的是按销售提成广告费用，许多个人站长在网站上投放了他们的广告。

（8）网站销售联盟。他们成立了自己的网站联盟，让众多站长和店长加入，根据销售额进行提成费用，这个形式也属于 CPS。

你真的读懂了客户、知道客户的需求吗

现在我们已经进入了客户导向的时代！深入了解客户的需求，及时将客户的意见反馈到产品、服务设计中，为客户提供更加个性化、深入化的服务，是企业成功的关键。可是，你真的读懂了客户吗？知道客户的需求是什么吗？

一天，一家摄影器材网店里来了一位“年轻先生”，销售员通过阿里旺旺主动和其交流起来。

工作人员：“亲！有什么可以帮助你的吗？”

年轻先生：“我想看看照相机。”

工作人员：“你买相机，是自己用，还是用于什么方面？”

年轻先生：“说不好，我家宝宝刚出生，我老婆想为孩子拍特写，让我来看看。”

工作人员："恭喜你当爸爸了哈，宝宝一定很可爱吧！你太太对照片有什么要求吗?"

年轻先生："我老婆想给孩子拍特写，距离很近的那种。"

工作人员："哦，你原来有相机吗？一般用来干什么?"

年轻先生："有，主要供旅游的时候使用。"

工作人员："这种相机也可以给孩子拍照，有什么地方不满意呢?"

年轻先生："主要是没法近距离摄影，拍特写很模糊。我老婆觉得不太理想。"

工作人员："卡片机拍特写，由于焦距和成像的原因，图片会模糊，不显效果。你原来用过能近距离拍照的相机吗?"

年轻先生："用过，是朋友的一个尼康单反机。"

工作人员："那款相机使用起来感觉怎么样?"

年轻先生："拍摄效果非常好，就是太重了!"

工作人员："相机太重了携带不方便，会不会错过给宝宝拍照的最佳时机？如果错过了拍摄他成长的美丽瞬间那就太可惜了!"

年轻先生："是啊。我老婆就打算给宝宝建成长相册，这些相片是要发给在国外的爷爷奶奶看的。我老婆说，如果没有合适的相机，请专业的影楼来拍，但我觉得那太贵了。"

工作人员："请影楼来拍也是一个方法，可是依据经验，几乎拍两三套相册所花的钱就可以买一个新相机了。况且，宝宝的表情之美往往是父母才能发现的。"

年轻先生："对。"

工作人员："这样看来，那种轻巧的、携带方便的、能近距离拍摄照片的相机，对你为宝宝拍特写，还有出门使用的方便性都有好处的，对吗？”

年轻先生：“是的，我想买这样的相机。你有什么好推荐吗？”

……

通过上述案例我们可以学习到，巧问难点问题，可以开发客户的隐藏需求，如果销售的产品价值不高，直接介绍产品，销售有可能成功。但如果销售的产品价值比较高，客户所要付出的购买成本高于客户认识到的改变紧迫性，就要学会问后果了。

问难点和问后果，说得通俗点，就是“先揭伤疤”，再“往伤疤上撒盐”，将客户的痛楚扩大化、困难严重化，使客户产生强烈的改变现状的愿望，愿意为改变现状付出代价，销售就容易成功了。

开发客户需求的过程，是通过一系列提问技巧将客户从“我完全满意—我有一点不满意—问题严重了，我越来越不满意—我必须寻找解决方案，我要立刻改变”的过程。电子商务时代，信息技术革命极大地改变了人们的商业模式，尤其对企业与客户之间的互动关系产生了巨大的影响。在一切都随手可及的社会，客户不仅可以方便地获取信息，还能更多地参与到商业过程中。

众所周知，市场是由某种产品或服务的买者与卖者组成的一个群体。买者即消费者（客户），卖者就是企业。而市场竞争的主角，通常指的是卖者之间的竞争，竞争的最终目标是争取更多的买者。因而，了解目标消费群体，对市场竞争以及企业的现实与未来是非常重要的。

兵法有言“知彼知己，百战不殆”，市场也就是战场。可是，很多时候，我们并不能真正了解消费者。结果，我们的产品与服务的市场策略没能引起消费者的共鸣，导致风马牛不相及。

市场看得见的变化与看不见的变化总是息息相关的。供需之间的很多变化，通过买卖交易即可看出其中的端倪。消费者自身的工作变化、家庭变化，甚至道听途说的故事都可能影响他在市场上的抉择。而这些个体的具体的变化，并不在企业掌握之中，企业只能依据宏观方面的环境与特定的调查数据，做出大致的判断。

客户的需求往往是多方面的、不确定的，需要去分析和引导。商家就要通过双方的长期沟通，对客户购买产品的欲望、用途、功能、款式进行逐步发掘，将客户心里模糊的认识以精确的方式描述并展示出来。一般来说，客户的需求心理普遍有以下几种，具体如表1所示。

表1　客户的心理需求类型

序号	心理需求	说明
1	想要获得	健康、时间、金钱、安全感、赞赏、舒适、青春与美丽、成就感、自信心、成长与进步、长寿
2	希望成为	好的父母、易亲近的、好客的、现代的、有创意的、拥有财产的、对他人有影响力的、有效率的、被认同的
3	希望去做	表达他们的人格特质、保有私人领域、满足好奇心、欣赏美好的人或事物、获得他人的情感、不断的改善与进步
4	希望拥有	别人有的东西、别人没有的东西、比别人更好的东西

当客户通过我们的产品或服务获得想要的利益时，就会把钱放到我们的口袋里，而且，还要对我们说“谢谢”。一定要记住：帮助别人得到他们想要的，你就能得到你自己想要的。

时代在改变人们的生活与消费模式

随着时代的改变，人们的生活和消费模式也发生了改变！比如：

网购的出现。今天，逛商场购物已不能满足所有人的购物需求，人们的消费行为也沾上了“网色”：只要打开电脑，轻轻一点就可以“网罗天下”，既方便又快捷。

2008年的一天，李小姐闲来无事在网上浏览，发现了“当当网”，抱着试试看的心理花了90多元钱买了一个加湿器。她之所以会选择这么个小东西，主要原因就在于，价格不贵，即使上当受骗损失也不大，权当“试网”。

就这样，李小姐通过网上支付的形式支付了货款。一个星期后，李小姐便收到了加湿器，包装得很精美，产品质量也对得起自己付出的那90多元钱。就这样，李小姐第一次体验到了网络购物带来的快乐。

有了一次成功的网购经历后，李小姐迅速接受了网购消费方式。继第一次成功网购之后，李小姐先后又在不同的网站购买过电脑软件、书籍、日用品等一些小物件。渐渐地，李小姐对网上购物熟悉起来。

在网上，同样的商品价格要比商场的低廉得多。有一天，“易趣”的页面上出现了“安付通”的宣传，李小姐毫不犹豫地注册了后点击了进入。李小姐选择了一家支持“安付通”的店铺，按照安付通的优惠价格网上支付，等待卖家发货，收货确认。结果，李小姐以仅仅15元的价格就买来了手机原装电池！

之后，李小姐逐渐养成了买东西先上“易趣”的习惯，原因是物美价廉。而且通过“安付通”可以放心、简便地完成整个交易过程，再也不用费心验货、付款了。

随着互联网的进一步普及应用，网上购物逐渐成为人们的网上行

为之一。方便、快捷、价格相对便宜的优点，使得越来越多的人热衷于网上购物，很多人都会在网上购买生活用品、服装首饰、机票手机卡等所有在网上可以买得到的东西。

今天，企业、个体都面临着前所未有的激烈竞争，市场正由卖方市场向买方市场演变，消费者主导的营销时代已经来临。在买方市场上，消费者面对的商品和品牌更加纷繁复杂，当代消费者心理与以往比较起来呈现出一种新的趋势和特点。

1. 个性消费的复归

在过去相当长的一段历史时期，工商业都是将消费者作为单独个体进行服务的。在这一时期内，个性消费是主流。到了近代，工业化和标准化的生产方式使消费者的个性淹没在了大量低成本、单一化的产品中。

消费品市场发展到今天，无论是数量上，还是品种上，都已经初步具有了让消费者能够按个人心理愿望为基础来挑选和购买商品或服务。消费者选择的已经不仅仅是商品的使用价值，还包括其他的“延伸物”。心理上的认同感已经成为消费者做出购买决策时的先决条件，个性化消费正在成为也必将成为消费的主流。

2. 消费心理稳定性减小，转换速度加快

现代社会发展和变化的速度是非常快的，随着新生事物的不断涌现，消费心理的稳定性降低，转换速度趋向与社会同步；在消费行为上：产品生命周期不断缩短、消费品更新换代速度加快、品种花式层出不穷。产品生命周期的缩短，反过来又会加快消费者心理转换速度。

例如，在我国，电视机由黑白发展到彩色，经历了十几年的时间。但现在每年都会推出一些采用新技术、新功能的电视机；消费者今年购买的电视机，明年可能就过时了。为了配合某些消费者求新求变的心理需求，很多别出心裁的商家独辟蹊径开始经营电视机出租业务。

3. 增强消费主动性

随着现代社会不确定性的增强，消费主动性也逐渐增强。人类不仅有追求心理稳定和平衡的欲望，还天生具有很强的求知欲。在社会分工日益细化、专业化的趋势下，即使在许多日常生活用品的购买中，大多数消费者也缺乏足够的专业知识；但他们对获取与商品有关的信息和知识的心理需求却并未因此消失，反而日益增强。

之所以会出现这种现象，主要原因就在于，消费者购买的风险感随着选择的增多而上升，他们会主动通过各种可能的途径获取与商品有关的信息，然后进行分析比较，从中获得心理上的平衡，降低风险感，降低购买后产生后悔感的可能，增加对产品的信任，获得心理上的满足感。

4. 追求购买的方便性和乐趣并存

有些工作压力较大、紧张程度较高的消费者会追求购物的方便性，追求时间和劳动成本的尽量节省，特别是对需求和品牌选择都相对稳定的日常消费品，尤为突出。

有些消费者却相反。随着劳动生产率的提高，一些自由职业者或家庭主妇则希望通过购物来消遣时间，寻求生活乐趣，保持与社会的联系，减少心理孤独感，他们更愿意花时间和体力进行购物。

这两种相反的心理将在今后较长的时间内并存和发展。

5. 价格是影响消费者心理的因素

虽然现代营销工作者都会尽可能用各种产品差异化来减弱消费者对价格的敏感度，避免恶性削价竞争。但价格始终对消费者心理有主要影响，当价格降幅超过消费者的界限时，消费者也会怦然心动，转而投到竞争对手旗下。

发现商机的根本——读懂消费者的心理

销售就是一场心理博弈战，如果你想成功地卖出产品，必须读懂消费者内心和了解消费者需求。

俗话说：知彼知己，百战不殆。**在推销过程中，充分了解消费者的购买心理，是促成生意的重要因素。**今天，消费者已经变得越来越聪明！隐藏在销售背后的是消费者深层的各种心理，只有掌握了“销售心理”这一成功秘诀，才可以在极短的时间内赢取消费者的心。

消费者在成交的过程中会产生一系列复杂、微妙的心理活动，比如：商品成交的数量、价格等问题的一些想法及如何与你成交、如何付款、订立什么样的支付条件等。消费者的心理对成交的数量甚至交易的成败，都发挥着重要的影响。因此，必须予以高度重视。

20世纪40年代，在美国的八大财团中，摩根财团是名列前茅的“金融大家族”。殊不知，老摩根从欧洲漂泊到美国时是非常穷的，经过不懈的努力，夫妻俩终于开了家小杂货店。可是，老摩根却非常了解消费者的心理。

顾客买鸡蛋时，老摩根看到自己的手指粗大，就让妻子用纤细的小手去抓蛋。鸡蛋经过纤细的小手衬托后，就会显得大些，摩根杂货店的鸡蛋生意因此兴旺起来。

老摩根针对顾客追求价廉的购买动机，利用人的视觉误差，巧妙地满足了顾客的心理需求。其后代子承父业，也深谙经营之道，逐步发展起来，成为富甲天下的“金融大家族”。

人的购买行为是受一定的购买动机或者多种购买动机支配的，研究这些动机，就是研究购买行为的原因。掌握了消费者的购买动机，也就获得了扩大销售的钥匙。

通常来说，消费者的消费心理主要有以下几种：

1. 追求舒适、省心的心理

对于人类来说，大部分生活都是围绕着身体的需求展开的，人们需要吃、喝、睡觉等冷热适宜的温度。而且绝大多数人都将其主要精力放在了获得这些基本需求上，另一些人用一部分精力即可满足这些需求，并在此基础上继续追求其他渴望的东西。

这种迫切需求是人们的基本特性，适宜营销的这类产品主要是日常生活中不可或缺的食用油、饮料、成品食品等。当然，所有人生存必需品都是适于销售的，像住房、家具、汽车等。

2. 求美的心理

在大自然之中，美的东西撞击着人们的神经和情感，会让人们产

生强烈的满足感和快乐。美可以包括外观美、颜色美和声音美。在绘画、音乐、文学、体育、大自然和我们的工作、生活中，美的东西随处可见，只要环顾一下四周，就能发现。

今天，人们追求美的动机正强烈地影响着众多商品的设计和包装，要想把握住利益的制高点，就要注重顾客追求美的心理。销售的时候，要设计出特别美观的产品，展示产品时也要着力表现出它们美的形象。为了满足顾客追求美的购物心理，可以这样对顾客介绍："你看它漂亮吗？这是我们特别为你而设计制作的。"企业也会因此获得意外的收获。

3. 效仿心理

在童年时期，每个人都有过模拟、模仿的行为，其实这些纯粹的模仿心理也同样存在于成年人的购物活动中。从心理学角度来看，许多人之所以要效仿他人去购买某种商品，主要就在于他们认为这样做可以表明他们比其他普通人要高出一筹。

从这种意义上来说，这种购物心理与追求卓越不凡和自我感觉是基本相同的。因为在那些人心目中，他所模仿的人在某一方面都是卓有成就的。比如，有些女士非常崇拜香港影星张曼玉，看到张曼玉拍摄的力士香皂广告，也会从商店里购买力士香皂。此外，一些港台大腕明星的发型、服饰也都是许多大陆年轻人争相效仿的对象。在推销产品时，可以利用这种购物心理。

但一定要记住，一定要向买主指出这些东西是时下人们所崇拜的明星爱用的。只有这样，买主的自尊心才会膨胀，并希望去效仿他们。这样，才会收到满意的效果。

4. 获取心理

人的获取欲望或占有欲望通常表现在许多方面：绝大部分人都喜欢拥有东西，有不少人爱收集东西，个别人甚至还爱储藏东西。不得不承认的是，人似乎都有一种占有欲，都想把存在的东西称作“自己的”。

一位销售员在向一位家庭主妇推销一种洗衣机，主妇还有些拿不定主意。销售员便立即说：“这款洗衣机已经快要售完了，如果你放弃的话，你的邻居将会毫不犹豫地买下它的。”这位主妇立刻掏出钱来，买下了这种洗衣机。

由此看出，占有的欲望在这桩买卖中起到了决定性的作用。

另外，从产品试用的效果也可以看出这一点：如果买主已经试用了一台计算机一段时间，通常很难再让人把它搬走，因为他觉得这些东西已经是属于自己的了。这时，在强烈的占有欲下，他便会掏钱将这种东西买下。

5. “交际欲”心理

其实，“交际欲”心理就是一种试图接近和打动异性的欲望。对于这一点，可以用生活中最常见的现象来加以解释。人们在决定购买某些商品或寻求某些服务时，比如：化妆品、服装、发型或电影票，真正起作用的往往是异性，而不是他们表面所讲的理由。

青年男女一般都对浪漫的爱情感兴趣，但中年人的兴趣也不容忽视。调查显示，绝大多数人购买高级化妆品和新潮流时装来打扮自己，是为了在恋人那里表现自己的娇媚动人。另外，为了取得好的效果，在宣传男性（或女性）商品时也可以特意让异性出现。

6. 好奇心和新鲜的心理

现实生活中，人们都喜欢到处活动、旅游、观看新景致和追求生活中的新刺激，这种欲望年轻人比老年人更强烈。企业也可以利用人们的好奇心来吸引他们对某些商品的注意和兴趣，进而促使他们购买商品。

在年轻人中，普遍存在这样的心理：凡是新的，他们就要试试，他们追求新奇感、新刺激的欲望比任何人都要强烈。例如：

一位专门推销营养保健食品的销售员A与朋友B一起来到一位可能的买主C家（B与C关系不错）。在谈话过程中，销售员A也聊到了自己推销的产品："我特意带了一些营养保健品，准备一会儿给买主送去。"

在好奇心的驱使下，C就开始打听关于产品的一些情况。B也详细说明，言谈之中表示价格要贵一些。就在他们要离去时，C提出要看一看这种产品。

A销售员按要求做了，出人意料的是，C诚恳地要求购买一些。

7. 寻求正义感的心理

正义感、责任感、对他人的爱，是人们后天培养的一种购物心理，同样不能忽视。现代人都希望自己能在事业上有所成就，伴随着这种希望的是他们的责任感和贡献感，这足以使他们由衷的自豪和满足。销售员在掌握购物心理时，也完全可以利用这一点。

作为人的天性，表现出各种爱心也是消费者购物心理的一种具体表现：父母之爱、夫妻之爱、恋人之爱等，都是销售员在推销产品时应当熟记和加以了解的。在有些场合，了解这种购物心理，会使销售员更易于开展工作，取得非凡的战果。

商场里，一位销售员正在向一位朋友宣传她的化妆品。旁边走过来一位陌生人，他已在那里听到了这边的谈话。过来之后，他二话不说，就让那位销售员朋友展示她的产品。

销售员按要求做了，并问他，准备给谁购买。陌生人说："给我热恋中的女朋友买。我女朋友面部有黑斑，用了许多化妆品都不满意，这次我决心再试一试。"这样，陌生人当即买下了几种产品，临走时还兴奋地说："这下我的女朋友会变得更漂亮了。"

8. 恐惧和谨慎的心理

任何一个正常人都害怕失去生命、健康、朋友、金钱、工作、自由、生活安定，以及他们所珍视的，得不到他们渴望的东西和失去它们一样，都会给人带来痛苦，不管是肉体还是精神上的。有些年轻女士购买高级化妆品，不仅是为了追求，在一定程度上也是为了留住即将逝去的青春。

其实，谨慎和渴望安全的心理是由恐惧心理派生而来的。人们进行银行储蓄，参加各种社会保险，无非是想使自己的生活更加安定些，或在困难时得到安全。人们的日常生活经常会被一些恐惧和怀疑所困扰，如果我们在销售产品时能够注意到这一购物心理，并适时地给消费者提出一些能够缓解他们恐惧和怀疑心理的积极建议，那么就会获得极好的销售良机。

挖掘客户未被满足的需求

营销学之父菲利普·科特勒说："营销是发现需求、满足需求的过程。"对于营销人员来讲，只有先洞察、挖掘市场的需求，才能根据市场和客户的实际情况，推广或预售相应的产品，在满足市场或客户需求的同时，实现产品和自我的价值。

今天，迅速普及的互联网络和日益发展的电子商务正深入地改变着客户的消费习惯。要想得到更多的商业机会，就要不断地挖掘客户未被满足的需求。

1. 兴趣

每个人都有自己的兴趣爱好，从心理学的角度来看，兴趣是一种极强的动机成分。客户是否会购买某件商品，经常是根据自己的需求在现实生活中做出某种选择的。对于这一点，在网络的虚拟社会里表现得更加突出。很多人之所以喜欢上网，主要就在于对网络活动非常感兴趣。

这种兴趣的产生来自两个方面：

（1）客户的好奇心。网络给客户展示了一个广阔的遨游空间，在这个世界里，几乎可以找到古今中外任意感兴趣的话题。在好奇心的驱使下，人们都在不断地探索着网络中的秘密，直至完全迷失在网络之中。

（2）客户的求知欲。如果需要什么资料，在网络上绝大多数都能够找到。很多网民正是在这种求知欲望的驱使之下，才热衷于在网络的虚拟世界里乐不思蜀的。

2. 聚集

人是一种通过聚集的方式来生存的高级动物，随着现代化快生活节奏的加快，客户的工作和生活压力越来越大，甚至没有机会和自己的亲友聚会，那些主内的家庭主妇和退休在家的老人更是生活在寂寞之中。

网络的出现正好满足了这部分人群的愿望，它给客户提供了一个不受时间、地点限制的聚集场所，不论你在什么时间、在世界的任何一个角落，只要有联通网络，就可以随时随地找到机会加入各种各样的论坛。

重要的是，通过网络聚集起来的群体是平等的，都有独立发表自己言论的权利，也有与别人争论的权利。在这种宽松的社会氛围，现实社会中经常处于紧张状态的客户得到了少许的解脱。

3. 交流

在电子商务时代，企业不仅要营销、制定战略，了解客户的基本需求层次，还要考虑网络时代所带来的新需求；既要满足客户的基本需求，又要调动客户的兴趣，利用网络营造和谐的氛围和丰富的信息资源，将更多的客户聚集在一起，然后，通过完善的信息网络满足客户交流的需求。

客户一旦聚集起来，就会产生很大的交流需求，这也正是客户最基本的需求之一。这种交流不仅是指客户之间生活经历的述说，还包括情感的沟通和信息的传递。

例如，如果社区里有很多癌症患者，刚开始的时候，参加者可能是为别人提供信息；这时候，这些信息仅仅是一种沟通，还达不到交

易的层次。但是，随着社区的逐渐扩大，供应商就会逐渐参与进来，同时也会将附有价值的信息带进来。

这时候，不管是对社区内的交流来说，还是对于病人来说，都是有好处的！他们都可以从这里得到自己所需的信息和机会，这样单纯的信息沟通就会变成一种交易，继而逐渐演变为客户实实在在的需求。

用时代发展的目光解决客户问题

销售的目的在于，让自己的产品满足客户的实际需求，帮助客户解决遇到的问题。从这一点来看，销售人员在推销时不能一味地去介绍产品，必须关注客户的痛苦，关注客户渴望解决的问题，用自己的产品来解除客户的痛苦，解决客户的问题。只有始终为客户着想，把帮助客户解决问题当作自己的销售目的，客户才会接受你、信任你。

李杰是一位汽车销售人员，刚开始卖车时，老板只给了他一个月的试用期。可29天过去了，依然一部车都没有卖出去。最后一天，老板告诉他："明天不用来上班了。"

李杰忧心忡忡，眼看就要丢掉自己的第一份工作了。李杰一路走来，到了自家小区门口的时候，看到有个人身上挂满了锅，冻得浑身发抖，后来才得知这是一个卖锅者。

李杰产生了一种同病相怜的感觉，急忙将这位落魄的卖锅者接到了自己家里。李杰为其递上一杯热咖啡，接着两人便聊了起来。聊天中，李杰才知道，他的锅越卖越多，越卖越远；并且从中得知，如果生意做得好那就得考虑买部车，不过现在买不起……

两人越聊越起劲，不知不觉都深夜12点了。这位卖锅者出乎意料地订了一部车，不过，定的提货时间是五个月以后，也因为有了这张订单，李杰被老板留了下来。

李杰之所以能取得成功，就是因为他抓住了客户的需求，通过与客户沟通，了解到客户存在的问题、期望，并努力去解决客户遇到的问题。在帮助客户实现利益的同时，也使自己的利益最大化，最终客户也预订了一部车。

让客户相信你，最简单的方法就是用发展的眼光帮他解决问题。如果你能解决客户的问题，便会取得客户的信任，客户才会慢慢消除芥蒂，然后从心里接受你、信赖你，才能与你成交，才可能成为你不用花钱的“广告宣传员”。

当客户提出一个需求的时候，**经验丰富人员，不仅会看到需求的功能描述，更会用时代发展的目光来解决客户的需求。**

1. 这个需求的本来面目是什么

很多时候，客户的需求是客户自己加工过的，比如：客户认为在某个表单加个字段就可以实现这样一种业务。企业要从需求出发把客户要解决的业务还原，然后再站在全局业务的高度考虑该如何解决好这些问题，可能就会发现：很多时候用户提出的问题都是管理上的漏洞造成的，仅靠自己的技术手段是不能解决业务问题的，属于不合理的需求。

面对这种情况，不能简单地拒绝了事，要和用户一起认真推导，让他们逐渐意识到：自己的方案对于问题的解决是有意义的；然后，寻找到解决问题的办法。经过这样一个过程，用户不仅会收回自己的

想法，还会认可你的分析能力。

如果客户需求是很合理的，首先要想一想，系统是否有现成的解决方案？很多产品在长期发展中已经积累了很强的能力，可是工作人员却了解不全面，这个时候要抱定一个原则：提高创造力，把现有产品功能用尽！要调动一切可以利用的工具和自己产品整合，包括操作业务的变动。

如果想到可以解决问题的思路，就要立刻与客户进行积极的交流和验证。绝大多数的客户都是通情达理的，只要你能给他一些建议，他就会尝试利用。即使这条路现在比较麻烦，用户也会发挥出超强的忍受力。

2. 了解客户的问题

多了解客户对产品应用方面的态度，尤其是不满意的地方，有利于进一步激发客户明确需求。例如，你可以这样问："你最不满意的地方在哪里?"

发现了客户的不满之后，通过提出激发需求的问题，可以将客户的这些不满明确化，从而引起客户的高度重视，以提高客户解决这类问题的紧迫性，比如："这些问题对你有什么影响?""你如何看待这一问题?""你和你的同事的工作效率受到很大影响吗?"

具体做法可以参考下例：

情景：

销售员："以上所说只是对我们公司产品的一些简单介绍，其实我们公司的产品包括很多种类，而且如果你有特殊需求的话我们在设计过程中也可以充分考虑你的意见，那么你对这类产品有哪些具体要求呢?”

客户：“我希望产品的外形更加小巧，既方便取用，也不会占用太多的空间……”

销售员：“听到你提出这些宝贵的意见真是太好了！其实，很多客户都提出过和您一样的意见，我们公司新研制出的这款产品几乎就是为像你这种高品位的客户量身定做的，你来看一下它的图样……”

这里有两个减少疏远客户的风险，探知客户需求的办法：

（1）“你最喜欢你目前使用产品的什么方面?”——从客户的回答可以了解客户最重要的需求是什么，在进行产品介绍时，你就可以在这些方面多提供些好处给客户。

（2）“我是否可以问一下你对这些产品有没有不满意的地方?”——通过这个问话，可以探知客户不喜欢什么，从反面了解客户的需求。

3. 让客户看到问题的严重性

一个销售人员 A 向爱斯基摩人 B 销售冰块。

A：“你好，你是否考虑过买新鲜的冰?”

B：“冰？我们这儿到处都是冰。”

A：“我知道，你们用冰盖房子，用冰筑路，用冰……”

B：“是的，我们最不缺的就是冰。”

A：“你们喝水也用冰了?”

B：“当然。”

A：“你是否发现这些冰已经被粪便、动物的内脏或邻居倒的脏东西污染了?”

B：“我不知道，没那么严重吧。”

A：“如果你用的水中正好有这些脏东西，你感觉会怎样?”

B：“我不愿意那么想。”

A：“如果这些脏东西让你身体不舒服，你会怎么办?”

B：“我会去看医生的。”

A：“你知道这是什么原因造成的吗?”

B：“那些脏冰。”

“……”

让客户觉得你的产品正好能够解决他的问题，这时候客户的需求就产生了。没有需求，就没有解决方案。通过对现状的分析，让客户看到问题的严重性，引起客户的重视和震撼，才会引发客户的需求欲望。

本章小结

网络的出现改变了现在和将来信息获取、处理和传播的方式，其巨大的信息容量、信息计算和组织能力、强大的交互功能、无处不在的连接能力和廉价的使用特征不仅给人们对时间、空间和信息等概念的认识造成了深刻的影响，还改变了人们交流沟通和交易的方式。

电子商务时代，信息技术革命极大地改变了人们的商业模式，尤其对企业与客户之间的互动关系产生了巨大的影响。在一切都随手可及的社会，客户不仅可以方便地获取信息，还能更多地参与到商业过程中。

今天，顾客已经变得越来越聪明！隐藏在销售背后的是顾客深层的各种心理，只有掌握了“销售心理”这一成功秘诀，才可以在极短的时间内赢取顾客的心。

迅速普及的互联网络和日益发展的电子商务正深入地改变着客户的消费习惯。要想得到更多的商业机会，就要不断挖掘客户未被满足的需求。

第三章

善用新的科技与工具

信息产业革命是人类有史以来最大的一次革命，也是人类几百年才有的一次机遇。

——美国总统克林顿

手机，不仅只是通信工具

最近几年，随着手机用户普及率的逐渐提高，手机作为一种新型媒体的应用价值也日益凸显。手机媒体拥有其他媒体无法比拟的优势，如覆盖人群最广、传播成本比较低廉、可以最方便地把人们的零碎时间利用起来，并且能够极为快捷地传播信息。

随着3G时代的日益临近，各种多媒体形式也将充分体现在手机上，这就给各大广告商家提供了更大的发挥空间。专家认为，在3G手机普及之后，手机媒体将成为普通人在日常生活中获得信息的重要手段。

今天，很多商家已经认识到了手机广告的重要性。通过移动媒体传播的付费信息，对受传者的态度、意图和行为产生影响。比如移动广告。

移动广告，其实是一种互动式的网络广告，由移动通信网承载，具有网络媒体的一切特征，同时比互联网更具优势，因为其本身所具有的移动性能够让用户随时随地接收信息。

今天，手机的营销传播威力正在逐渐释放。**在传统媒体时代，消费者仅仅是一个被动的信息接收者与行为追随者，进入移动商务时代之后，手机作为媒介工具发挥的作用越来越重要，广告阅读者可以主动参与到广告中来，**实现个性化传播，即时互动，提高广告活动的参与度。

资料显示，从运营模式来看，现阶段手机广告整体上可以分为两大类：一类是由运营商发布的广告。企业向运营商购买广告发布的渠道，比如，我国移动的“企信通”业务，就属于这种类型。

另一类是由SP的互动平台来发布。运作的时候，投入广告的企业与SP一起向运营商申请审批；获批后，由SP在其互动平台发布广告，同时由运营商随时监控。

与WAP门户广告和内置广告相比较，PUSH类广告（推送式广告）是手机广告的主流。日本和韩国的经验告诉我们，手机广告确实需要在一个比较严格的许可机制框架下来运营——通过用户确认订阅广告的形式达成许可。

定制式也是一种比较容易理解的模式。只要手机用户成为某SP的会员，就会收到这个SP发送来的各类手机广告。这类做定制式手机广告的SP还有一个重要业务，就是替其他SP、CP提供合法化发布内容的渠道。

除此之外，有些手机广告商则选择了与手机厂商合作，先在手机里预先放置一些附带信息，然后再与手机厂商分成。据了解，饮料、食品、体育用品、旅游景点、航空等大众化的消费品广告比较适合这类形式。

与内置在手机中的大众消费类产品广告相比较，“小区短信”的手机广告模式更能针对特定区域、特定时间的特定用户群发送特定短信，这类手机广告正在流行。通过一系列的定位及数据分析，小区短信可以将信息有针对性地发送给与广告相关的用户，比如，在机场候机的乘客会经常收到打折的机票信息。据悉，商旅服务、展会、酒店、商场、汽车、快速消费品、银行、房地产等行业都已经开始通过小区短信平台投放手机广告了。

由此可见，今天手机已经不仅仅是一个单纯的通信工具了，完全可以拿来做营销。

在国内，大众汽车、农商银行等也在合作伙伴的帮助下拥有了自己的手机客户端。在国内提供品牌移动营销服务的机构中，有米传媒拥有产品设计和创意团队，将传播信息与用户喜好结合，为广告主定制专业的品牌 APP，协助广告主占领手机桌面，与消费者建立长期的沟通。

广告主如何进行更有效的移动营销呢?

1. 制作富有创意的 APP

企业可以制作富有创意的手机客户端，通过广告平台等渠道进行曝光，让用户下载并且持续使用。对于部分不希望单独开发应用的企业，可以使用米汇 APP 定制平台，低成本快速地创建企业应用，实现与广告平台的无缝对接，达到有效的移动营销效果。

2. 充分发挥移动设备的互动、分享功能

移动设备可以随时随地进行互动和分享，这是其一大特性。消费者一旦认可了广告方案，就会主动地分享给好友，达到病毒式营销和口碑营销的目的。

3. 让用户获得真正的实惠

在参与营销的过程中获得真正的实惠，才会更好地激发用户互动、分享的欲望。以天翼院线通为例，用户使用院线通订购电影票，不仅可以以优惠的价格购票，还可以免去排队购票的麻烦，甚至能够使用 APP 选择座位。

目前，虽然移动营销还是一个新的营销渠道，但在未来的10年里会很快地成为商家连接客户的首要途径。这是因为人们已经逐渐对数字通信方式熟悉并产生了依赖，这其中也包括手机。数据显示，2012年全球手机用户已经达到了45亿户，普及率为65.7%，远远超过了固定电话用户，成为主要的通信工具。而中国手机用户数量已经超过10亿……每个月3500亿条横跨全世界，15%与商业和市场营销息息相关，短信成为移动营销的主角。

云数据，发现商机的最佳数据库

“云计算”（Cloud Computing）是在最近几年兴起的一种网络应用模式，通过该种模式，云服务商不仅可以共享互联网软硬件资源和信息，还可以按需提供给企业计算机和其他设备。

“云计算”的核心思想，是将大量用网络连接的计算资源进行统一管理和调度，构成一个计算资源池向用户提供按需服务。提供资源的网络被称为“云”。

狭义的“云计算”指的是，IT基础设施的交付和使用模式，指通过网络以按需、易扩展的方式获得所需资源；广义的“云计算”指的是，服务的交付和使用模式，指通过网络以按需、易扩展的方式获得所需服务。这种服务可以是IT和软件、互联网相关，也可以是其他服务。

“云计算”是当今最受瞩目的信息技术，通过专业网络公司来搭建计算机存储、运算中心“云”，企业或个人用户只需要一根网线，借助浏览器，就可以方便地解决企业对信息服务、信息存储、数据检索、网络安全技术方面的需求。

关于“云计算”，前 Google 中国区总裁李开复曾有过这样的比喻：最早人们只是把钱放在枕头底下，后来有了钱庄，很安全。现在发展到银行可以到任何一个网点取钱，甚至通过 ATM，或者国外的渠道。就像用电不需要家家装备发电机，直接从电力公司购买一样。也就是说，“云计算”就像是银行或电厂，让我们随时随地在云端资源库中获得需要的服务。“云计算”确实影响着人们，并不断满足着人们的各种工作和生活需求。

1. “云计算”的两个典型案例

为了让更多人了解“云计算”给生活带来的改变，我们现在通过两个典型事例，来试着解读一下网络时代下的“云云”众生。

（1）云会议

商务人士几乎每天都会把大量的时间浪费在出差和开会的路上，“空中飞人”们都在为日复一日的奔波和为此付出的时间成本而扼腕叹息。如果有这样一种服务，能让人足不出户召开会议，在同一地点会见多个不同地区客户，那一定是“飞人”们提高效率、改变命运的福音。

“云计算”抓住了人们的这种迫切需求，把问题一一攻破。基于“云计算”技术的“云会议”就这样诞生了，而且在短时间内，“云计算”在商务会议领域中的应用越发成熟、广泛，越来越多的人开始享受云会议带来的便利。

目前，全球“云会议”的供应商既有思科 WebEx、Citrix 这样广泛撒网的业界“大牌”，也有像全时一样专精于云会议领域的后起之秀。而从用户体验角度来讲，与在“云会议”领域浅尝辄止的大牌们比较起来，全时云会议更加便捷和亲民：不需要购买昂贵的设备，不需要寻找专门的IT技术支持，只要一台电话或者是电脑，不管是在公司、机场还是麦当劳，只要有网络、只要你有会议需求，全时云会议就能帮你和来自世界各地的合作伙伴召开会议。

据悉，全时已经成功为世界500强企业中的300多家提供“云会议”服务，并正在向更为庞大的中小企业市场进发。现在看来，“云会议”结合视频、电话、网络、即时通信等远程会议形式，优越性不言而喻，正在逐渐取代传统会议形式。“云计算”的触角已经伸到了商务领域。

（2）云律所

提到法律，很多人都会觉得深奥、神秘、难以捉摸、专业、严肃、遥不可及。遇到法律问题，大多数人都被不懂法律知识、不知道怎样找到可以信任的律师所困扰。有时候可能只是一个小小的合同纠纷，也能让人抓狂。

“云计算”几乎无所不能，现在，它甚至开始帮人们解决法律问题。最近，为了提高律师工作效率，同时让更多人的法律问题得到解决，双向满足律师和普通法律用户的需求，“云律所”应运而生。“云律所”一词也频频见诸各大网络媒体，受到了越来越多的关注。

“云律所”概念最早出现于2010年。所谓“云律所”，就是传统律师事务所的云端化，是新技术在传统领域的新应用。普通个人或者企业在注册“云律所”之后，可以看到注册律师对法律法条的平民化解读、社会热点背后的法律问题分析，让法律问题变成你我愿意时时关注的信息。

亡羊补牢不如未雨绸缪，“云律所”给出了法律问题的最佳预防方式。即使真的遇到了法律困扰，通过“云律所”，你也可以轻松地向专业律师进行一对一的咨询。

与传统法律服务网站不同，“云律所”拥有律氏微博系统，可以通过它关注感兴趣的律师，不仅可以阅读律师的动态，还能对每位律师的专业性和责任感做出自己的判断，方便以后选择。有了“云律所”，足不出户就能解决法律困扰。

律师们在“云律所”里为普通用户解读法条、一对一解决法律问题，让更多人了解自己、信任自己，不仅满足了普通用户的法律需求，也获得了更多的案源。“云律所”的平台化使普通用户和律师群体精准对接，形成了供需良性循环。

其实，除了以上两个典型事例，“云计算”在我们生活中的应用还有很多。但管中窥豹，通过“云会议”和“云律所”的诞生和发展，就能发现“云”服务已经融入了人们的生活中，潜移默化的改变无处不在。

同样，企业可以将“云计算”作为核心技术，创造面向各个细分化市场的各类云服务，开展不同行业间的垂直数据挖掘、应用服务、硬件匹配等，整合传统行业线下资源，快速实现固有渠道转移并且提高企业营销的拓展范围，帮助各行业企业走向高增值的快行道。未来企业对“云计算”的掌握程度将决定其在新时代竞争中的地位。

2. “云计算”带来的无限机遇

今天，云技术和产业的发展，在电子商务领域的应用已经越来越多，操作简单、效率高、覆盖广和自动化，企业可以通过它获得更廉价的资源、发展更完善的服务和拥有更广阔的前景，云的兴起给各行各业带来了无数机遇，电子商务也不例外。具体表现如下：

（1）降低成本，提高效率

云电子商务平台把后台复杂的计算放到了云中，将各个业务作为任务发送给了云中处于不同物理位置的服务器处理，并返回结果，用户只需要简单操作就可以完成复杂的交易过程。

“云计算”的结构决定了该模式能最有效地利用服务器的计算性能，为用户提供高效数据处理服务。企业在搭建自己的电子商务平台时，使用云技术就可以不再为构建电子商务软硬件环境操心，更不需要投入巨大的资金和人力物力来完成系统建设了。

（2）提高客户满意度

“云计算”提升了企业间的合作关系，轻松实现了电子商务企业间共享。云具有动态扩展性，可以根据企业需要提供可伸缩扩展的应用部署，真正实现弹性操作，运用系统技术自动监控网站流量，实现负载适应，企业无须根据系统最高峰来配置资源，用户可以快速打开网页完成交易，从而使用户满意度提升。

（3）促进电子商务搜索引擎发展

搜索服务是电子商务的重要组成部分，“云计算”使搜索引擎信息处理能力增强，并朝着搜索精确化、多样化、智能化和移动化发展。

云搜索引擎会将电子商务论坛（或社区）的注册用户所产生与积累的内容、信息和需求等记忆起来，对用户进行更准确的把握，可以使不同地域、不同语言、不同风俗，但讨论内容相同的社区聚合起来，形成一个大的背景池，供企业在互联网上及时、海量地发布、推广自己的信息。

“云计算”搜索引擎机器语言翻译服务可以帮助企业克服电子商务发展过程中的语言障碍，也可以对音视频、图片文件等进行理解，并获取内容进行搜索；搜索行为多样化，会积极地推动电子商务的发展。

云搜索引擎更智能化，更懂得用户，既可以知道用户是谁、想干什么，也可以了解用户搜索请求中隐含的需求等。当用户搜索一个词

的时候，可以根据搜索内容判断用户的兴趣，对相关信息进行整合，一站式地将搜索结果提供给用户。

（4）加快移动电子商务发展

移动电子商务由于终端运算能力、信息传递和处理能力限制，目前移动支付安全保障存在隐患，所以未得到很好的发展。但云技术却可以使移动终端和移动通信网络变得更加高效、可靠，大大提高了信息传递和运算能力。

（5）带来更安全的电子商务数据存储模式

在“海量威胁”的压力下，传统的基于“签名”的安全防御技术受到了挑战，而这恰恰为“云安全”技术发展拓展了空间。

云安全有着强大的分布式运算能力和精简化的客户端安全配置，可以提供对未知威胁的评估和防御推送能力。集成云安全技术的产品，可以在网络威胁侵入前进行阻止，继而大幅提升安全性和降低客户端维护量，这样从事电子商务的企业就不会在后台海量数据的安全性问题上殚精竭虑了。

（6）提供更加智能的经营决策模式

在用户数量增加海量数据时，电子商务企业往往处理和管理能力不强、深度挖掘能力不够，不能做出明确的经营决策，而“云计算”所提供的大型数据中心，海量数据存储、运算、分析、挖掘能力，正好为商业智能提供了良好的基础，“租赁+服务”的资源分配和交付模式，也为电子商务企业发展商业智能提供了巨大的成本优势。

总之，“云计算”对电子商务的影响是深远的，这主要是由“云计算”的特点决定的，云强调的是对多种资源的统一管理、多种服务的统一提供。**对用户来说，资源是可以伸缩扩展的，服务是随心所欲的，是用户主导、按需服务的。这就给电子商务运营商创造了一个前**

所未有的发展机遇，企业只要专注于本身的业务与服务，不必过多关注技术和服务过程，就可以全身心地在新的技术环境下走适合自身发展的道路。

让消费者离你的距离更近

顾客是企业最重要的资源之一，对企业来说，建立和维系良好的顾客关系是非常重要的。而顾客的类型是多种多样的，顾客关系又有一个发展过程，维持良好的顾客关系，追求顾客终生价值最大化，会涉及众多的问题。

例如，给顾客提供适宜产品的功能价值，快速、周到的服务价值，尊重、关怀的情感价值；不同顾客的满足、不同关系阶段的差异化服务；在建立和维系顾客关系的活动中，企业花费更少的成本能够得到更多的收益，使顾客能在这种顾客关系中获得更多的顾客价值……每项内容都会涉及许多环节，而其中任何一个环节出现了问题都会对良好的顾客关系造成负面影响，因此，企业必须对顾客关系进行全面有效的管理，和顾客实现近距离接触。

顾客关系管理是一种商业管理策略，企业组织、工作流程、技术支持和顾客服务都要以顾客为中心来进行协调，统一与顾客的交互行动，保留有价值顾客、挖掘潜在顾客、赢得顾客忠诚，并最终获得顾客长期价值。那么，如何才能管理好顾客呢？具体在实施过程中，可从以下四个方面着手：

1. 基于信任，建立起一定的顾客关系

（1）引起注意。在网络时代，消费者的注意力相对稀缺，想办法

吸引消费者的眼球是至关重要的。企业必须将虚拟网络资源和实体网络资源有效结合起来，除了靠传统的大量广告和促销手段来引起消费者注意外，还要采取其他多种方式来吸引潜在顾客。针对不同的顾客能力，采取不同的方式。

（2）建立网站。进入网络时代，为了吸引潜在的客户，许多企业都已经着手进行信息化建设，建立了自己的网络和网站。其实，为了吸引消费者的眼球，还可以通过与其他知名网站、搜索引擎进行链接。

（3）加入其他已有的虚拟社区。

（4）通过电子邮件为顾客发送信息。

2. 获得顾客的许可

吸引到眼球不等于锁定了消费者的注意力，还要重视心灵生意的运作。当顾客第一次登录公司的网站后，如何让顾客留下真实、全面、及时的信息呢？他凭什么愿意留下来并再回来呢？

在这一阶段，企业的目标是说服顾客，让他们相信你的公司是最适合于他们建立关系的品牌，让他们参与到你的公司中来说，给他们带来方便和有价值的营销计划。

首先，要快速接通网站，不要让顾客等太长的时间，否则顾客会毫不犹豫地离开。这里会涉及网站和顾客两方面的内容：企业要想办法解决自己的瓶颈，同时还要向顾客予以说明并指导其快速连接到网站。

其次，企业应该把网站设计得美观一些，但不能舍本逐末，忽略了网站的实用方便性，还要考虑到所有顾客。不同的顾客，其需求是不同的，应该把顾客作为个体对待。之后，要感测顾客的需求，利用查特曼隐喻引出技术，聆听顾客的心声，提出一些期望顾客回答的问题。

再次，通过提供免费邮件、免费联网接入、免费产品和服务信息，鼓励潜在顾客留下信息并经常返回；同时，针对不同的顾客提供不同的信息和不同的帮助。

最后，可以建立一个虚拟社区，让潜在顾客一方面在此通过与老顾客的交流讨论了解他们对企业产品和服务的评价；另一方面，企业可以更好地锁定顾客的注意力，通过交流和沟通更好地了解顾客的需求、注意顾客的动向，从而采取相应的措施。

久经世故的电子商务顾客一般都很关注他们提交信息时能得到什么价值的回报，因为他们明白自己提供给企业的信息是有价值的。可以为留下的信息或进行反馈的潜在顾客提供促销小礼物，让他们愿意花自己的时间把自己的信息提供给企业。

获得许可的过程就是企业承诺的过程，是潜在顾客对企业建立初始信任的过程。在这个过程中，为顾客提供了预备价值，这时候企业与顾客也就建立了关系。

3. 吸引消费者积极参与

获得顾客许可也就意味着，顾客已经表示出了兴趣并将参与行动，也将要承担责任。这时，顾客就会仔细聆听你的声音，并与你相互作用。

顾客对企业有了初始信任，建立了顾客关系，企业就可以根据顾客资料向顾客发送有价值的消息、新闻、娱乐和促销信息了，以便将顾客吸引过来，让他们积极参与到顾客价值的创造和传递中，促使顾客购买企业的产品（或服务）。

4. 打造满意，维系顾客关系

如何能与顾客维持稳定的关系，让他实现重复购买呢？顾客价值！只要企业让顾客在竞争激烈的市场中，从可供选择的产品和服务中，能够获得比竞争对手所提供的更大和更真实的顾客价值，使顾客满意，就能维持顾客关系，进而建立起顾客的忠诚。

通常来说，可以从以下方面着手：

（1）精良的质量

长期稳定的优异质量是维系顾客的根本之所在。在信息网络高速发展的新经济时代，质量的含义不仅停留在硬性的条条框框标准上，还更加注重顾客个性化的需求，顾客的要求即是质量的标准。

根据顾客的需求，为顾客定制产品和服务，即所谓的一对一营销，这是适应现代消费者个性化发展而形成的新理念。为了抓住顾客的注意力，企业就要变过去的“将一种产品尽可能销售给更多的顾客”观念为“向一个顾客尽可能多地提供其所需的各种产品”的观念。

（2）优质的服务

美国一家咨询公司的调查数据表明，顾客之所以会从一家企业转向另一家企业，大部分原因就在于服务。随着市场竞争的加剧和科学技术的应用，企业间的产品在价格和质量上的差异越来越小，服务已经成为顾客满意的重要因素。

面对顾客越来越高的服务要求，企业只有拥有完善的顾客服务系统，比如：呼叫服务中心、投诉中心、顾客服务补救中心、网络服务等，创建服务优势，才能留住顾客，让顾客真正体验到企业在乎他的感觉，从而使顾客满意。

同时，企业要给客户提供快速的物流供应和方便的技术支持。如果物流供应不是企业的核心竞争力，可以外包给物流配送公司，这样顾客就会得到专业、快捷的物流服务。方便的技术支持可以在各地设立多一些服务点。

同时，可以在企业网站设立一些让顾客自己探索开发的服务，一方面可以降低企业的呼叫费用、远程服务支持费用，另一方面还会给顾客一定的支配权，让他们获得一种自我成就感。为了实现这一点，就要从产品的设计出发，提供便于产品的自我支持和顾客的自我服务；同时，企业的网站也要给顾客提供自我探索的网络工具。

（3）优惠的价格

企业的利益建立在顾客的利益基础之上，企业的价值链和顾客的价值链是紧密联系在一起的，因此企业要想办法不断降低成本，在低成本的基础上，给顾客适当的回报，这种回报在网络经济时代表现为顾客对企业产品价值的认可。

在网络时代，随着信息技术的发展，消费者拥有了更多的信息资源，他们运用这些资源进行比较分析的能力非常强，企业就要重新定位产品的价值。同时，为了让顾客真正感受到实惠，得到顾客的价值认同，就要更加注重增加产品功能、提供优质的服务、方便的购物渠道和付款方式等。

5. 发展忠诚，增进顾客关系

顾客忠诚有不同的层次，主要包括：行为忠诚、意识忠诚和情感忠诚。仅仅有重复购买并不表示顾客非常忠诚，如何发展忠诚，提高顾客的忠诚度，使顾客增加购买量、进行交叉购买、向亲朋好友推荐企业产品……所有的这些都是企业与顾客长期关系中顾客忠诚的应有之义，因此企业就要不断地为顾客提供更多的利益，对其进行情感投

资、增加转移成本。

那么，如何来发展忠诚客户呢？

（1）为顾客增加财务利益、社交利益、结构性联系利益

①为了增加财务利益，企业可以进行频繁营销和建立俱乐部，为长期购买和购买量大的顾客进行累积优惠和量大折扣，对加入产品俱乐部的顾客收取一定的费用，进行长期优惠。

②企业可以通过顾客加入俱乐部和企业虚拟社区来给顾客提供社交利益。顾客可以在俱乐部或者虚拟社区中讨论企业的产品和服务，这样不仅可以减少对产品的认知费用和时间，还能够结交朋友，扩大交际面、关系网。

③企业还可以通过提供结构性联系利益来发展顾客忠诚。比如：企业提供硬件设备、软件支持、营销调研、培训等。

（2）对顾客进行情感投资

①这种投资主要包括：对顾客详细资料的了解、建立顾客资料库、对顾客进行关系维持的具体措施，从而为顾客提供个性化的一对一的信息和服务，保持与顾客的密切接触，建立一种亲善的关系，例如，给顾客发送生日电子贺卡等。

②顾客提醒或建议，比如，顾客购买产品后的初期，提醒顾客可能会遇到的问题，并提供解决方法；在使用产品一段时间后，提醒顾客应做哪些保养、维护的工作，了解顾客使用产品的原因、情形；在适当的时间也可以根据产品关联分析，给顾客推荐适当的产品。

③加强与顾客的沟通，为顾客解决困难甚至帮助顾客成功，使顾客感到尊重、理解和关怀，从而使顾客关系私人化。如帮顾客找药方、为顾客的择业提供建议等。

④企业顾客一体化，使顾客和企业密切联系起来。如为顾客发送

虚拟股票，让其感受到自己与企业的发展是紧密相连的。

(3) 在一定程度上增加顾客的转移成本

在与企业的交往中，老顾客通常会发现，如果自己想要更换品牌或卖方时，会受到一定的沉没成本，而且只能从现在的供方获得的延迟利益的限制。

一般来讲，企业转移壁垒的构建会让顾客在更换品牌和卖方时感到转移成本太高，原来所获得的利益会因为转换品牌或卖方而流失，这样就会加强顾客的忠诚。比如，如果顾客从中国移动转而投向中国联通，电话号码的改变也会给他带来很大的转移成本，否则，他的商务信息等各种信息就会遭受损失。

网络时代，消费者消费方式的改变使得企业与顾客之间的关系越来越重要，互联网和信息技术也会帮助企业建立、维系与顾客的良好关系，帮助企业在激烈的竞争中取得成功。为顾客提供更多更好的顾客价值是企业与顾客建立、维系和增进关系的基本要求，同时利用互联网和信息技术对顾客关系进行管理，既可以让顾客满意，也可以让企业满意。

在当今网络时代，企业就要加强对顾客关系的管理，与顾客建立起一种互动合作、彼此学习、长期稳定的更加密切的双赢关系，这样才能创造顾客价值的最大化。

善用“三微”撬动大经济

1. 微信

“移动改变世界”，曾经只是一句简单的口号，可是今天却已经变

成了现实。移动互联网让这个世界更加多元化。微信作为高科技时代创新的产物，必然会引领新一代的经济发展。

让我们先来看这样几个案例：

艺龙网《与小艺一战到底》

运营模式：互动式推送微信。

营销方式：基于自定义回复接口开发的app，将答题赢奖品的模式植入到微信中，采取有奖答题闯关的模式，设置每日有奖积分，积分最高的就会获得丰厚大礼。

结果：每天参与的互动活跃度高达五六十万，微信的订阅用户同步新增了几万。而整个活动的资金投入也比微博活动少得多。

中搜搜悦《蛇年春晚刘谦魔术解密》

运营模式：热点营销。

营销方式：迎合微信用户的好奇心理，他们在第一时间推送出了观众迫切需求的新闻，满足了用户的诉求；搜悦用户还可以去搜索、订阅自己关注的人物、事件或产品。

结果：2013年春晚刘谦魔术节目，中搜搜悦第一时间在微信公众账号发布了刘谦魔术揭秘文章，并在微信群和公众平台进行了大力推广，各大公众账号和网友对该文章进行了转发继而分享，次数达到10万以上。

凯迪拉克微信公众账号

运营模式：精准+经典内容推送。

营销方式：凯迪拉克出现过一波“发现心中的66号公路”

活动，为了引起共鸣，他们在自己的微信公众账号上每天都会给用户发一组最美的旅行图片。其他的内容，基本上都是以车型美图为主，比如，海外车展、谍照等。凯迪拉克还利用这个账号发布了一些实时内容，比如，上海暴雨橙色警报时，就做了一个安全出行提醒。

结果：这个账号仅运用了一周，就拥有了近470名听众，每条信息有20条左右的回复，听众在微信上表达了对品牌的热爱。

K5便利店新店

运营模式：地理位置推送。

营销方式：点击“查看附近的人”后，企业可以根据自己的地理位置查找到周围的微信用户。然后，根据地理位置将相应的促销信息推送给附近用户，进行精准投放。

结果：K5便利店新店开张时，利用微信“查看附近的人”和“向附近的人打招呼”两个功能，成功地进行了基于LBS的推送。

作为新经济时代背景下互联网科技创新的产物，微信从诞生之日起就着力于创新公众的沟通方式。随着移动互联网的日益普及、微信用户规模的迅速扩张，微信在功能上的创新使其在商业应用领域不断创下新的应用案例。从“查找附近的人”功能的探索，到“扫一扫”O2O模式的引入，再到被广泛关注的开放平台，微信打开了微经济的魔盒，释放出了无限想象空间。

（1）微沟通带来新商机

2011年8月3日，微信正式推出了社交功能“查看附近的人”。

通过这一功能，用户可以根据自己所在的地理位置找到附近同样开启本功能的人，此项功能的推出带来了微信的第一次大爆发。

蒋先生是一名杭州的普通出租车司机，2012 年 3 月，他和另外两位车友组织成立了杭州微车队。在他们的微信号上有出租车的 Logo 和字样，通过“查看附近的人”，找不到出租车的陌生朋友就可以通过微信找他们约车。

蒋先生通过微信接受客人的预约订单，用微信调配车辆，不仅解决了乘客打不到车的困扰，也提高了司机的工作效率，司机们的整体月收入提高了 20% 以上，有的司机月收入更是提升 50% 以上。

用户通过“查看附近的人”找到身边的微信用户，不仅会显示用户姓名等基本信息，还会显示用户签名档的内容。用户可以利用这个免费广告位进行包括用户分组、地域控制在内的精准消息推送，最终实现高到达率的推广。

（2）二维码入口大力发展 O2O

微信可以为整个业界提供一个不错的通信开放平台，让所有的第三方都能够把他们的有价值的应用通过这个平台来接触到更多的用户。

随着“查找附近的人”和“摇一摇”等功能的巨大成功，2012 年 5 月，微信正式向第三方应用开放了 API 接口，推出了“扫一扫会员卡”功能，以二维码为入口的形式试水 O2O 营销模式。

通过微信会员卡，用户就能享受到更加便捷的移动互联网服务，获得更多的生活实惠和特权。比如，深圳大型商场海岸城的“开启微信会员卡”，微信用户只要使用微信扫描海岸城专属二维码，就可以免费获得海岸城手机会员卡，凭此享受到众多优惠特权。

值得一提的是，从那以后，即使用户没有携带实体会员卡，也能在第一时间了解到商家的信息并享受特权。大饱口福、许留山、面包新语、味千拉面、仙踪林、禾绿回转寿司、棒约翰、思妍丽等20多家商铺是商场首批微信会员卡的支持商家。

（3）开放平台

今天，腾讯在O2O方面的布局已经以“二维码+账号体系+LBS+支付+关系链”构成了路径，形成了一种闭环式的商业生态模式。微信不仅完善了自身功能，腾讯还积极与U联生活、通卡等公司合作，不仅打通了优惠券与支付系统，还全面整合了微信的CRM系统，增强了O2O的实力。

除此之外，微信已经和一批合作伙伴测试公众平台的自定义接口功能，这个接口可以让第三方公司的CRM系统自主接入。公众账号背后的商家将通过这个接口为用户提供更具个性化的服务。

有了这个接口，基于微信为用户提供服务的创新应用就会不断涌现，比如，用微信查路况、查信用卡、订酒店、订外卖、买门票、在美肤汇购物、微团购……随着越来越多的应用加入微信平台，探讨微信营销的机构和文章越来越多，微信导航网站也陆续出现。

2. 微博

微博营销是一种网络营销方式，主要是通过微博来发布与讨论营销产品或者服务。为了扩大营销效果，一般会通过大V来进行转发，因为大V可能拥有几十万甚至一千万的粉丝。每一个人都可以在新浪、网易等注册一个微博，然后不断更新自己的微型博客。每天更新的内容都可以跟大家进行交流，如果出现了大家都感兴趣的话题，就可以达到营销的目的，这就是微博营销。

在这里，给大家介绍几个微博营销的经典案例，让我们一起来探讨促进微博营销的发展。

（1）新浪微博快跑：随时随地分享

2010年8月28日，新浪微博一周年。这一天，一场“微博快跑”活动绕城举行：十辆造型各异的MINI微博车队，载着特色礼物和8名网上征集的微博用户，从中关村出发，穿越北京的大街小巷，途经五道口、鸟巢、朝阳公园、天坛、西单、南锣鼓巷等北京地标性场所，将微博“随时随地分享”的精神传递给了每一个路人。

“微博快跑”是新浪为庆祝微博开通一周年而组织的活动，是国内微博产品第一次大规模从线上延伸到了线下，他们充分利用微博创新的特点，大胆突破了常规的活动模式，以活动造事件，让博友亲自创造内容，并帮助传播。

8月20日“微博快跑”官方微博ID成立，他们通过话题讨论、悬念设置、投票PK、礼品激励等为活动预热。活动当天，车队每到一站都会组织车内、现场和线上的网友进行互动，共产生了30000多条微博内容，引发了各大媒体的高度关注和报道。

活动结束后第三天，在百度中输入“微博快跑”，就会获得71万条相关的结果。通过裂变式的传播，“微博快跑”的信息瞬间传递给了更多的网民，大幅提升了用户的品牌好感度、忠诚度。因此，从某种意义上来说，这不只是一场成功的庆生秀，更是新浪微博发展的新起点。

（2）元洲装饰盖家装微博史上第一高楼

社交网络是建立关系的场所，互动和服务是关键词。因此，在微博上寻找话题和目标人群，锁定关键字，找到潜在粉丝主动沟通，这都是公司在微博上可以方便完成的事情。

金九银十，国庆长假向来都是商家掘金的最佳时机。2010 年 9 月 28 日，新浪微博一则主题为“元洲寻找国庆、网友抢沙发、盖微博第一高楼”的博文受到了追捧，不到一天该博客的粉丝量就突破了千人。原来，该博客主人是一家 500 强的装饰公司——元洲装饰公司。

公司在国庆长假推出了抢沙发活动：“#元洲寻找国庆#，网友抢沙发，盖微博第一高楼”。为了庆祝 61 华诞，元洲一共寻找了 61 名名叫“国庆”的人享受特惠家装。凡转发并回复#元洲寻找国庆# + 评论的第 5000、8000、10000 名网友就会获赠“波适”沙发，另有 6000 元沙发抵用券。

“与元洲一起盖微博史上第一高楼，演绎国庆七日传奇。”巧妙假借沙发的双重含义，借助大家的“国庆”情结，让人们参与到了元洲装饰分享、快乐的企业文化中来，截至 2010 年 10 月 10 日，元洲北京分公司的粉丝数已经达到了 17000 余人，#元洲寻找国庆#话题参与转发、评论、抢沙发的互动综合次数远远超过 3 万人，一共影响到了近 100 万名用户。

（3）后宫优雅

“优雅女”属于微博营销的典型案例，策划人是从传统的论坛、博客等营销策略入手的，写一个段子再发张照片；通过炫富和晒明星两大法宝，同时自创“后宫体”的写作方法，在新浪微博中获得了普遍的关注。

从 2009 年 12 月 1 日注册账号，到 2010 年 2 月 1 日营销结束，通过两个月的时间，“后宫优雅”一共获得了五万个新浪微博粉丝数。每篇微博的评论数都过千，成为新浪草根博客第二名和网络红人，并获得了黄健翔、潘石屹、宁财神等诸多名人的关注，收获颇丰。

经过两个月时间的炒作，“优雅女”的人气骤升。在 Google 搜索

“后宫优雅”，会出现21万条记录；搜索“优雅女”，则有14万条记录，拥有5.5万多粉丝，平均每篇文章留言数1千多。从留言数字上看，大约是赵薇、周笔畅的1/3左右，具有足够的知名度，活跃粉丝众多。

（4）《网络整合营销兵器谱》由我世界发布会微博直播

2010年2月4日，刘东明老师携新书《网络整合营销兵器谱》在“由我世界”里与大家见面。此次新书推介会不仅邀请了当今知名的业界专家，还别开生面地实现了全国十几家微博、SNS网站的同步联播，向20万和信用户客户端进行了同步推送报道。

在新浪微博、豆瓣、滴答等十多家微博上，《网络整合营销兵器谱》化身为一名可爱的武侠高手。“如果网络营销是深不可测的江湖，各位就是网络营销的大侠，而网络营销的各种方式就是战场杀敌制胜的最佳兵器。”“好吧，各位看官，小弟先唱个肥喏，我是你shu（呔，敢占众围脖便宜？关门放小黄！）小的错了，我是你的书，我名为《网络整合营销兵器谱》，一本失传多年的网络营销武林秘籍……”引来众多听众的驻足和关注。

整个虚拟世界发布会持续了半个多小时，期间专家致辞，作者发言，网友互动提问，漫画明星PP猪献花……大家忙得不亦乐乎！直播人《网络整合营销兵器谱》更是以幽默风趣的语言为大家进行了精彩的直播，半个小时一共为听众推送了170条微博信息，新浪微博听众从0增至600人，而且听众非常精准，80%是从事网络营销、电子商务的专业人士。

这次营销的跨界可以说是“共同围猎，一起吃肉”的模式，多个跨界方的资源都得到了充分的运用和回馈，实现了资源效率的最大化。

（5）伊利舒化“活力宝贝”世界杯微博营销

世界杯期间，伊利营养舒化奶与新浪微博深度合作，在“我的世界杯”模块中，网友可以披上自己支持球队的国旗，在新浪微博上为球队呐喊助威，根据伊利舒化产品特点，与世界杯足球赛流行元素相结合，借此打响了品牌知名度，让球迷产生了记忆度。在新浪微博的世界杯专区，有两百万人披上了世界杯球队的国旗，为球队助威，相关的博文突破了3226万条。

伊利舒化的“活力宝贝”作为新浪世界杯微博报道的形象代言人，将体育营销上升到了一个新的高度，为观众带来了精神上的振奋，使得观看广告成为一种享受。如果企业、品牌不能和观众产生情感共鸣，即使在比赛场地的草地上铺满了企业的Logo，也是不能带来任何效果的。

本次微博营销活动让球迷活力与营养舒化奶有机地联系在了一起，让关注世界杯的人都关注到了营养舒化奶，将营养舒化奶为中国球迷的世界杯生活注入健康活力的信息传递了出去。

3. 微视频

微视频，也就是所谓的网络视频营销。这种营销方式通过数码技术将产品营销现场实时视频图像信号和企业形象视频信号传输到Internet网上，达到一定的宣传目的。网络视频广告的形式类似于电视视频短片，只不过平台是在互联网上。“视频”与“互联网”的结合，让这种创新营销形式具备了二者的优点。

在我国，第一个利用网络视频做营销的案例似乎已经找不到，但百度的“我知道你不知道我知道你不知道我知道你不知道”的“唐伯虎”视频宣传片，在早期是非常有名的视频营销案例之一。

这个视频的完成和开始传播的时间大致是在2005年的第三季度，此时的YouTube刚刚成立一年不到，更别说是中文的视频网站了。但

是这段视频却得到了广泛的流传，当时主要的传播渠道是 BBS。

“唐伯虎”是一段非常草根的视频短片，主角是一个周星驰版的唐伯虎，利用我国经典断句难题“我知道你不知道，我知道你不知道，我知道你不知道”，狠狠地嘲弄了那个只知道“我知道”的老外，最后把老外的女朋友都勾到了手边，尼姑也动了凡心。结果，老外吐血倒地，一行大字打出：百度，更懂中文！

稍微接触过两大搜索引擎的人，都可以看出这段视频是对 Google 的嘲弄。这种短片通常无法在电视渠道播放，而且画面模糊，可是它所产生的病毒式效果绝对是传统电视广告无法想象、无法做到的：百度“唐伯虎”系列没有花费一分媒介费，没有发过一篇新闻稿，他们从一些百度员工发电子邮件给朋友和一些小网站挂出链接开始，只用了一个月的时间，就在网络上得到了至少超过 10 万的下载量或观赏点。

至 2005 年 12 月，已经有近 2000 万人观看并传播了此片，还不包括邮件和 QQ、MSN 的传播。而且，这种沟通不用夹杂在众多的广告片中，所有的观看者都是在不受任何其他广告干扰的情况下观看的，观看次数不受限制，其深度传播程度也远非传统电视广告可比。

为了说明视频营销的影响力，我们再来举一些成功的例子！

表 2　　成功的视频营销

例子	广告主	内容
滑轮宝宝	Evian 依云矿泉水	一群婴儿奇迹般地做出了一些大人都无法完成的高难度、匪夷所思的动作，在纽约中央公园玩起了 hiphop，既新奇又可爱。在 YouTube 上引起了病毒式传播，病毒杀伤率遍布世界各地视频网站，最终创造了亿万级别的点击量神话，并入选吉尼斯世界纪录

续 表

例子	广告主	内容
LED 绵羊	三星	一群牧民们给他们的羊羔穿上 LED 马甲，傍晚时分将它们赶上小山坡进行文艺汇演，比如，名画蒙娜丽莎、模拟打乒乓球，更有烟花效果……全程“无线”操控，最后极端的绵羊带领的艺术项目则是由三星的智能技术主导的
挤眉毛	吉百利	视频中，两个孩子配合着音乐挤眉毛，厉害之处在于改变了两种人生：第一，家长开始教育孩子不要挤眉弄眼；第二，YouTube 上开始风靡大人们挤眉弄眼的自拍视频
骑车绝技走天涯	Viral - inspired	简单的创意，配上煽情的音乐，一个玩自行车障碍的男孩，无畏磕碰，在炫酷车技的背后也在经历一遍遍的失败，最终以完美的自行车特技穿梭在城市中
地铁跳舞引来不明真相的围观群众	T - Mobile	在伦敦的一地铁站里预先安排好的 350 名舞蹈者做路人装扮散布在车站人群中，随着音乐的响起，舞蹈者跳起来，不明真相的周围群众，也纷纷加入到队伍中，由旁观者变为分享者，引得上千家媒体竞相报道
赤手空拳上阵	微软	X box 的“Project Natal”赤手空拳就能上阵，微软的解释是：“Natal”项目可以追逐到身体的全方位，是一个让游戏玩家无须任何游戏控制器的游戏方式
Google Chrome	Google	作为高科技产物的 Google 公司，此则高科技视频为 Google 浏览器 Chrome 制作，视频用有趣的教育方式向网友介绍了 Chrome 的优势功能，主题为“A New Way to Get Online”（全新上网方式），病毒传播性极强

本章小结

随着3G时代的日益临近，各种多媒体形式也将充分体现在手机上，这就给各大广告商提供了更大的发挥空间。专家认为，在未来的5年左右，3G手机普及之后，手机媒体将成为普通人在日常生活中获得信息的重要手段。

云技术和产业的发展，在电子商务领域的应用已经越来越多，它操作简单、效率高、覆盖广和自动化，企业可以通过它获得更廉价资源、发展更完善的服务和拥有更广阔的前景，云的兴起给各行各业带来了无数机遇，电子商务也不例外。

每项内容都会涉及许多环节，而其中任何一个环节出现了问题都会对良好的顾客关系造成负面影响，因此企业必须对顾客关系进行全面有效的管理，和顾客实现近距离接触。

随着移动互联网的日益普及，微信用户规模的迅速扩张，微信在功能上的创新使其在商业应用领域不断创下新的应用案例。微博营销是一种网络营销方式，主要是通过微博来发布与讨论营销产品或者服务。每一个人都可以在新浪、网易等注册一个微博，然后不断更新自己的微型博客。

|第四章|

找到好的创新创意点

创新是做大公司的唯一之路。

——管理大师杰弗里

创新，发现商机的根本

创新，是企业生存和发展的灵魂。对于一个企业来说，创新可以包括很多方面，比如，技术创新、体制创新、思想创新。而每一项创新都会给企业的发展带来一定的好处，具体来说，技术创新可以提高生产效率，降低生产成本。体制创新不仅可以使企业的日常运作更有秩序，便于管理，还可以摆脱一些旧的体制的弊端，比如，科层制带来的信息传递不畅通。思想创新是相对比较重要的一个方面，如果管理者具有了创新意识，就可以有力地推动企业沿着正确的方向发展；如果员工具有创新思想，就可以增强企业的凝聚力，发挥员工的创造性，为企业带来更大的效益。

在激烈的市场竞争中，企业面临着许多随机变化的情况，当条件发生改变的时候，企业就会面临新的挑战与机会，企业的竞争地位就会受到巨大的威胁，也会因此使员工丧失使命感，削弱企业的凝聚力。

但也会给企业的创新带来机遇，一方面是市场向着本企业发展战略所设定的方向发展，或者是激发企业原来潜在的创新活力，为企业的发展带来各种商机；另一方面是由于员工在市场压力的条件下迸发出创新的欲望和激情，或者是环境变化给企业员工的创新带来新的机会。**这内外两方面的创新机遇将使得企业进一步发展和跃迁成为可能。因此，企业把握创新机遇，预测成功率，对于制定创新企业的经营战略和部署都是非常关键的。**

创新机遇的预测需要企业有良好的运作组织，高层决策者要具备敏锐的观察发现能力。这是因为：不论是引人注目的创新，还是微不足道的改进，大多数创造性活动不仅事先未曾计划好，而且完全出乎企业的意料。

事实上，员工很可能在没有企业管理层直接授意和指导的情况下提出创新或具有潜在用途的新尝试，如果企业的决策者没有用敏锐的眼光去发现，企业的创新机遇很可能在瞬间就会消失掉。因为这些创新萌芽都不是企业管理层规划的结果，任何人，包括管理决策层，甚至创新者自己先前都没有想到这些创意会有何特别的创造性。

创新机遇的预测和把握，对企业的决策来说太重要了，把握得准，可以给企业带来丰厚的利润；把握不准，则会给企业带来灾难。那么，如何通过创新来发现商机呢？

1. 市场营销创新

在市场经济时代，企业家和市场都认可这样的说法：那些不能创新的经营者，终将摆脱不了被淘汰的命运。通过创新经营，企业就能在市场的某些领域或层次捷足先登，就能与企业对手拉开差距，这是确定企业优势的最重要的手段。

对于企业本身来说，只要企业没有做过的、为了达到发展的目的去设计以及策划并付诸实施的事情都属于企业创新。比如，从事电视机经营的企业，策划而且进入计算机设计和生产领域，对于该企业来说，就是创新。

基于这样的观点，我们认为，市场营销创新决策从不同的角度去考察就有不同的内容。例如，从企业的经营行业来看，商业创新决策包括单一经营行业的创新决策和多元化经营创新决策。对于多元化经

营创新来说，并非仅仅扩大经营领域这么简单，完全进入一个陌生行业，企业如果没有做好充分准备，可能会碰个头破血流。

2. 管理创新

所谓管理决策，是组织在内部范围内贯彻执行战略决策过程中的具体决策，主要目的是为了实现组织内部各环节活动的高度协调和资源的合理使用。例如，企业的生产计划、销售计划、更新设备选择、新产品定价、资金筹措等问题的决策，就属于管理决策。

管理决策对组织的命运不会具有决定性的意义，但其正确与否将在很大程度上影响管理效能的高低，进而影响组织目标的实现程度。

管理创新是在经济全球化和信息化的历史背景下产生的。早在20世纪70年代，从日本开始的以“全面质量管理”为核心的战后第一次企业管理大变革，是与工业化时代相适应的生产管理模式。而在信息化的今天，从美国掀起并涉及日本和欧洲的新的企业管理创新的核心，则是“企业重新构建”，其主要内容是：一方面企业刮起国内和国际并购风潮；另一方面企业从“金字塔型”向“网络型”转变，即变纵向管理为横向管理。此外，还出现了一些新内容，比如：企业管理概念的创新、公司组织结构的创新、企业管理方法的创新、企业社会形象的创新和企业产品的创新等。

从企业管理创新的内容可以发现，企业管理创新决策对于企业的生存和发展越来越重要，其重要性越来越接近企业的战略创新。例如，前面提到的企业的组织结构的创新，尽管和企业的命运没有直接的联系，但是组织的扩大对企业的生存影响程度已经很大了。又如，企业形象和文化创新是企业的精神状态、企业在社会公众心目中的形象的表现，而这是企业的生命力强弱的重要因素。所以，必须把管理创新决策列为企业高层决策的重要内容。

发现与创造商机的14条途径

1. 物以稀为贵——产品商机

短缺是经济活动的第一动因，正如鲁迅先生所说，胶东的白菜到了上海，是要用红头绳吊起来卖的，这就是物以稀为贵。因此，**在这个世界上，只要人类需要的，所有有用而短缺的东西都可以带来商机。**比如，水是一种非常普通的物质，在我们日常生活中是不值钱的，可是如果到了沙漠，也会制造巨大的商机。

短缺是经济洋行牟利的第一动因，空气不短缺，可是在高原或在密封空间里，空气也会成为一种有利的商机，关键是你有没有感受到，有没有先见之明！

日本的三菱商社主要从事的是进出口贸易以及一般性的代理服务。该公司发现，在缺少淡水的阿拉伯国家水比石油还贵，于是他们决定向这些国家出口雨水。经过一番调查和研究之后，三菱商社便在雨水丰富的日本海安装了设备，接收雨水。

之后，经过一定过滤的程序之后，他们再用轮船将这些雨水运到阿拉伯地区，出售给当地的人民。据说，第一个接受雨水进口的国家，是阿拉伯联合酋长国。它之所以要进口这些雨水，主要是用来开发荒地、种植作物或公园、街道浇花草树木。数据显示，每吨雨水的成本只有一美元，运到当地除去运费可以卖到五美元以上。三菱商社仅向阿拉伯联合酋长国一年出口雨水就多达

2000 万吨，创造了可观的利润。

除此之外，当其他阿拉伯国家得知有出口商供应雨水时，也纷纷打电话进行订购。为了获得更高的利润，三菱商社由专家研究出了一种清除轮船内石油废渣的办法。油轮将雨水运载到地区之后，可以从该地区运载石油回日本，这样轮船不仅不会空驶，还降低了产品成本。依靠“出口雨水”这一新的经营策略，三菱商杜抓住了短缺商机，经营业绩在同行业中遥遥领先。

当某一种商品出现短缺的时候，必然会引发市场对该商品的强烈需求，这就意味着该商品将成为商家赚钱的机会点。观察一下我们生活的周围，看看生活中什么东西短缺，或者什么东西将要短缺，即使是不值钱的空气，只要短缺就能产生意想不到的商机。

改革开放三十多年来，许多人都是瞄准短缺市场发财致富的。今天，虽然许多产品已经出现了过剩，但某些产业仍然处于短缺阶段，某些产品和服务，特别是中高端产品和服务、特色产品和服务依然处于短缺状态。

比如，我国通用航空产业未来十年需要 10 万架各类飞机，但目前我国仅有 1000 架左右的通用航空飞机，而美国则有 24 万架。我国航空产业缺少具有自主知识产权的发动机，我国的无人机则缺乏稳定、可靠的软件操作系统。

再如，我国医药行业人士普遍认为，原创专利药是我国医药企业最短缺的产品，谁能开发出原创专利药，谁就能赢得市场。

在节能环保、新一代信息技术、生物、高端装备制造、新能源、新材料、新能源汽车等战略性新兴产业，我国企业缺少核心技术和自主知识产权，能够产业化和商品化的产品还不多。

我国水污染严重，很多人都不敢喝自来水，都喝桶装纯净水和矿泉水，而且纯净水行业几乎是暴利行业。数据显示，我国空气污染最严重，洁净的空气十分稀缺，肺癌发病率极高。企业如果能够生产出高品质、低成本的负离子发生器，就会将局部环境变成一个洁净空气舱，从而赢得市场。

2. 时间就是金钱——时间商机

很久很久以前，商人A带着两袋大蒜，经过艰难险阻来到一个地区。当地人从来都没有见过大蒜，他们没想到世界上还有如此味道好的东西，因此他们用当地最热情的方式款待了这位精明的商人，临别的时候还送给他两袋金子作为酬谢。

商人A回来之后，将自己的经历跟周围的人讲述了一番，大家又是惊叹，又是羡慕。B听说了这件事后，动了心，他想："大葱的味道也不错，我为什么不试试！"于是，他立刻带着满满的两袋大葱动身了。

商人B同样来到了那个地方。那里的人也没有见过大葱，他们觉得大葱的味道比大蒜的味道更好，于是便对商人B展示出了更大的盛情。他们热情款待B，在为商人B送行的时候，他们将两袋大蒜送给了他。因为他们认为，用金子远不能表达他们对远道而来客人的感激之情，经过再三商讨，决定将自己最喜爱的两袋大蒜赠给这位朋友。

由此可见，同样的生意，时机不一样，就会产生完全不同的结果！俗话说得好："远水解不了近渴。"在需求表现为短缺时，时间就是商机。飞机比火车快，激素虽不治病却能延缓生命，它们都有商机

存在。商场如战场，只要你抓住了时间，就等于抓住了机遇。

1983年春节，一位温州华侨从美国家里打来电话："美国警察总署消息，美国警察要换服装，34万人需要68万副标章，每人两套就是130多万，你们可不可以做?"两个温州个体户放下电话之后，急忙买机票直奔美国，向美国警察总署长表达了自己的意向。

美国人认为，中国人不可能做出一流的标章，可是两个温州老板不愠不火地说："我国有句古话'耳听为虚，眼见为实'，如果你不相信，可以派两位专员到我们那里去看一看，费用我们全包。"美国警察总署同意了！

两位警察署专员跟着这两个温州个体户来到中国，工人当场进行了表演，仅用了短短的35分钟，就完成了投料到成品的过程。几天后，美国人带着100副样品回到了美国，美国警察署署长一看，价格还不到美国军工厂的1/2，而且还不需要交订金，于是立刻签下了68万元的订单。温州人按照同样的办法，又和联合国维和部队和中国人民解放军驻港部队做了这样的标章生意。

均瑶集团的创始人王均瑶曾经说过："人家慢走，我要快跑，这样才能不落后。"在商场中，时间就是机遇，时间就是金钱。如果你在竞争中失败了，那么你输在时间；如果你在竞争中赢了，那么你也赢在时间。

善于经营的商人总是把时间看得比金钱更宝贵，他们往往能够最大限度地运用时间。

要想找到商机，就要做惜时如金的人，在紧张的快节奏中完成一桩又一桩的生意。许多与浙商打过交道的人都知道，浙商一天的生活，就像陀螺一样，总是转不停，即使是在吃饭的时候他们也总是与合作伙伴一起，边吃边聊生意场上的事情，或者洽谈合作的事情。

在商场中，时间就是机遇，时间就是金钱。在市场瞬息万变的情况下，只有抢先一步，快人一拍，抢占市场竞争的制高点，才能在竞争中求得生存和发展。像蜗牛一样，慢腾腾地往前爬，只会被市场无情地淘汰。

3. 物美价廉——价格与成本商机

俗话说得好，水往低处流，“货”往高价卖。在满足消费者需求的时候，能用更低成本满足时，低价替代物的出现也是商机，比如国产软件。

事实证明，价格在很大程度上影响着消费者的购买行为。在同等质量的情况下，价格比别人低必然会让自己的产品具有更大的优势。有些商场，一些消费者为了买到稍微便宜的产品，不惜天还没亮就去排队，有时要排三四个小时，只为便宜一两块。

每个人都有贪便宜的心理。沃尔玛“天天平价”的运营模式具备超强的竞争力，使它在短短几十年时光中一举发展成为世界上最大的公司。

2012年10月，沃尔玛对原有的大卖场采购体系进行了改革，加大了中央集中采购范围；实现了以品类、供应商和商品为单位统一管理业务，并将品类管理的职能集中到总部；同时，他们保留7个区域采购办公室的精英团队，保障地方特色商品，尤其是生鲜产品的采购。

沃尔玛寻求同供应商的战略性合作，以“更精，更大，更

好”为目标，对全国的供应商资源进行了汇总整合。这是一种战略的平衡，既要顾及本地的需求，又要力求通过资源整合实现更低的商品采购价格，将更多地方特色商品引入全国门店。

“我非常鼓励通过我们的努力，比如在生鲜这个领域，通过利用更少的供应商，加上我们进一步投资增强配送中心及物流领域建设，从而提高食品质量与安全，这在当下是一个正确的战略，尤其是需要覆盖地理面积如此广阔的市场。”沃尔玛国际业务总裁兼首席执行官董明伦说。

沃尔玛在采购广东和广西地区的大米的时候，通过对供应商进行重新回顾和综合评估，保留并发展了优质供应商，供应商数量虽然减少，但单个供应商的采购量却得以增加；之后，提升采购规模，大大降低了采购成本，优质的袋装大米价格与散装大米持平，较之前价格降低了超过8%，受到了顾客的广泛欢迎，也带来了很好的销量。

随着消费者对进口商品的需求增大，沃尔玛购物广场还进一步提升了进口商品的比例，尤其是食品。沃尔玛通过全球采购的资源和网络，以较低的价格引入了优质进口商品。同时，沃尔玛自有品牌“惠宜”以其物美价廉的商品也受到了顾客的广泛欢迎。

未来，沃尔玛还将利用自身的规模优势和采购能力，继续提升自有品牌的渗透率，预计将开发出300个品种的自有品牌“惠宜”产品。通过筛选值得信赖的供应商合作，保证生产的“惠宜”产品具有同大品牌一样的高品质，但是价格优势高达30%～40%。惠宜系列产品非常成功，高品质的产品赢得了顾客的信赖。

采购资源的整合带来更便宜的价格只是整个环节的第一步，

沃尔玛更加重视以长期价格优势吸引消费者。为了让顾客省心购物，从2012年6月起，沃尔玛精选与顾客生活息息相关的商品品类，每月特别推出价格有效期长达半年的“省心价”商品，降价幅度最高超过30%，累计至今已经分别针对10个品类商品进行了降价，深受顾客欢迎。与此同时，为了满足顾客的所需，还提供了上千种“省心价”商品，涵盖了更多的品牌和更丰富的品种。

价格战是市场经济的必然产物，是市场营销的重要组成部分，不仅可以使消费者直接得益，迅速促进市场扩容，还能提高社会购买力和扩大内需。同时，**价格战还可以淘汰一批劣质产品生产商和谋求短期利益者，制止重复投资，使社会资源得到合理的整合与利用。**

沃尔玛通过自己的实例告诉大家，通过规模经营、建立健康的成本结构和有效的管理措施，可以让自己在行业内部获得较大的成本优势，使自己持续地进行价格战，在价格上给竞争对手形成长期的压力。

4. 方便成就一切——方便性商机

江山易改，懒性难移！很多人买东西都图个方便，所以“超市”与“小店”在我们的生活中随处可见。手机虽然比电话贵，可实时性好，手机就是好商机！

从问题中寻找商机，也是一个创造商机的好方法！只要我们着眼于那些大家“苦恼的事”和“困扰的事”，为大家提供方便，就可以发现很多这样的好机会。**人们总是迫切希望将自己的问题解决掉，如果能够给他们提供一些解决办法，也可以发现商机。**例如双职工家庭，没有时间照顾小孩，于是就有了托儿所；没有时间买菜，就产生了送

菜公司……这些都是从问题的“负面”寻找到商机的例子。

既然有问题，就有需求，帮别人解决了问题就等于满足了别人的需求，满足别人的需求就等于找到了商机。

海曼住在美国费城附近，在他很小的时候，父亲就去世了。依靠母亲做些手工活来维持生活，也因此他没能升入高级中学。为了帮助母亲，海曼开始发挥自己的绘画才能靠画人像赚钱。在绘画的时候，海曼经常会丢失橡皮擦，因此不得不花费很多时间寻找，也分散了很多精力。后来，海曼用马口铁将橡皮擦套在了铅笔后面，从那以后，橡皮擦再没有丢失过，用起来也得心应手。

后来，在朋友的帮助下，海曼将这种带橡皮的铅笔申请了专利。依靠这项专利，在此后不到20年的时间内，海曼就拥有了3亿元的资产。

这样的例子，在我们的身边随处可见！

一天，李超在武汉的江汉路逛街的时候，突然想上厕所，可是找了很多地方，就是找不到。实在憋不住了，李超只好找了一个偏僻没人的地方就地解决。可是这时候，一个环卫女工走了过来，狠狠地揪住了他：“罚款50元！”在众目睽睽之下，李超感到尴尬极了，一辈子也忘不掉，并且深刻体会到内急找不到厕所的痛苦。

于是，李超便萌生了收集制作厕所地图的想法的念头。后来，李超当了一名送水工主管，他做了一个硬性规定，每个送水工每到一个地方，必须了解此块区域的厕所在哪里，并且记录下来。后来，他就在交通地图上标注出厕所地图，卖得特别好，一年就赚了40万元。

后来李超又想：如果人们想找城市娱乐场所，想找宾馆、酒吧……于是李超又制作了《武汉市娱乐消费手册》，但这本手册销售很冷淡。于是，他想办法解决销路，后来他案头的一个电话号码本上有广告电话提醒了他："如果我的手册也用广告模式来操作，向娱乐场所等收费用，是不是效果不一样了？"于是，他决定尝试一下。

在那段时间，为了拉广告业务，李超每天都会拿着名片到处发，由于点子不错，再加上当初做厕所地图创下了知名度，半个月就拉到几万元的广告。

免费消费手册给人带来了方便，非常受欢迎，很快就发完了，而且开了一个好头，很多娱乐场所开始主动找上门来，要求在上面刊登广告……李超的事业又有了新突破，他的经营模式又应用在厕所地图上，在厕所地图上做广告，如此一来，事业越走越宽。

这个商机就是从自己生活中出现的问题中找到的。

很多人常常抱怨人生中的问题太多、难题太多，认为是这些问题和难题阻挡了我们的出路。事实上，世界上不存在没有问题的产品，商机总是在解决难题中开辟的，如果产品上没问题，也就不会出现商机了。有了问题不要怕，有多少问题就有多少商机，解决一个问题也就找到了一条商机。

5. 从衣食住行上着手——通用需求商机

周而复始，永续不完！人们的生存需求，比如：衣、食、住、行

每天都在继续，有人的地方，就会出现商机。

温州人王麟权原本是南山陶瓷厂的一名工人，陶瓷厂被兼并后，王麟权下岗了。

下岗在家的日子里，王麟权一直思考着自己干些什么好。这天，家里的马桶堵了，怎么也疏通不了。王麟权本来心情就比较烦躁，遇到这种事，更加来火，于是他就跟马桶较上劲了，非要把它疏通好不可。

刚开始，王麟权拿木棍之类的家伙乱捅了一气，但是马桶依然没有疏通。王麟权累得满头大汗，却一点办法也没有。当他坐下来休息的时候，脑海中闪过这样一个念头：要是能够搞出一个疏通马桶的东西来，那该有多好呀！

说做就做！王麟权在自己的小屋里开始摆弄各种溶剂、瓶子等。凭着自己多年在陶瓷厂的工作经验，果然研制出了一种能够用于疏通厕所和下水道的化学制剂。

王麟权研制成功的产品有两种，一种是专门用于马桶除垢，取名“洁厕精”；另一种是专门用于下水道疏通，取名“塞通”。这两种东西在当时都属于国内首创，因此，王麟权顺利地取得了专利。

接下来，精明的王麟权立刻办了个小作坊，注册了一个公司，并招了6个伙计，开始生产“洁厕精”和“塞通”两种产品。

每家每户都有马桶，马桶堵住是每户人家都非常头痛的问题，看到王麟权的产品真的有效，大家都愿意买。结果，市场一下子就打开了。

创业投资永远不缺机会，关键在于把握商机。**有很多人不知道怎**

么寻找商机，其实，商机就源自我们的生活。多留意你生活中的细节，就会大有收获。

商机无处不在，看你是否善于挖掘和把握，这里给大家一些建议供参考：

（1）穿衣

如果你手中有小部分资金，就可以在穿衣上下点工夫。社会在不断发展变化，人们的穿衣装扮也在不断变换，这部分消费占据了人们日常消费的40%，所以服装类行业是一座巨大的金矿。但具体可以销售哪些服装呢？销售近两年比较走俏的品牌比较好，比如，美特斯邦威、鸿星尔克、森马等。

注意：选择这个行业投资的时候，首先要把握当地的风俗人情、季节变换、流行趋势等，这些都是影响服装经营的关键因素，否则，你的产品会成为无人问津的垃圾。

（2）饮食

风险最小的投资方式应该是现在街头巷尾到处可见的各类小吃摊，或是特色快餐店，如果你有独特的手艺绝活，找一处人流量大的绝佳位置进行经营，效果定然不错。

注意：经营一定要有特点，关键是要能满足现在人们日益挑剔的嘴巴，而且要价格低廉、干净卫生，具备一定的吃苦能力。

（3）住房

房地产方面，不是老百姓所能涉猎的。如果感觉自己资金方面还算可以，可以考虑加盟一家“如家快捷”或“锦江之星”式的商务酒店。

注意：如果你所在地方是个不知名的小县城，即使有钱也不用考虑。这种加盟酒店，适合旅游经济发达的地区。

（4）行

说到行，很多人可能会立刻想到汽车，其实在我们身边经常会出现和行有关的商品，比如，电动车、自行车。如果当地市场已经饱和或竞争激烈，可以涉足产品的周边行业，比如，汽车装具、电瓶维修。

注意：这个行业竞争激烈，如果自己不懂行情，就要谨慎考虑。

（5）新兴行业

不管社会进化到什么程度，“衣、食、住、行”几个行业都是不会淘汰的，也正因为如此成了竞争力最大的行业。在创业的过程中，激烈的竞争环境是生死攸关的因素。要想避开这一点，就要考虑一些新兴行业，比如动漫周边经营，在国内刚刚兴起，市场竞争几乎为零。年轻人是忠实的消费群体，投资小，回收快，也是21世纪国家重点倡导发展的。

6. 赋予产品新的价值与功能——价值发现性商机

天生某物必有用！如果想让某种商品受到人们的青睐，就要赋予产品新的价值和功能！

板蓝根是一种用量极大的药材，一直以来销售不衰，纵观板蓝根的发展历史，我们可以看到其销量的飞速增长。

20世纪60年代之前，板蓝根年销量50万千克。

20世纪70年代，板蓝根的许多疗效已经确定，年销售量突破300万千克。

20世纪80年代中期，购销量达800万千克。

20世纪90年代初，年产量达2000万千克，出现了严重的供大于求。

20世纪90年代中期，产量在950万千克左右，需求量在800万千克左右，供大于求的局面没有得到缓减。

2000年以后，板蓝根的种植面积由中原地带向西部、西北部及东北扩种，致使2002年产量突破3000万千克，板蓝根价格达到历史的冰点。

2003年，“非典”拉动了需求。由于“非典”的流行，在各种预防和治疗“非典”的验方中都出现了板蓝根，于是板蓝根骤然热销，市价大幅攀升，4月份曾创下了100元/千克的高价，而年销售量初步估计也在1000万千克左右。“非典”过后，板蓝根价格迅速下降，2003年6—12月价格基本维持在5~12元/千克。在2004年板蓝根产新期间，药商开始囤积大货，补充库存，并等待第二次提高价格。

近几年，我国家电市场竞争日趋激烈，价格手段就像体育竞技中的“兴奋剂”，虽然一度带来了销售的增加，但是却出现了很多的副作用。因此，很多企业都试图通过提升产品自身的价值来提高市场竞争力。用现在流行的一个词语就是“提高产品附加值”。利益驱动永远是商家遵循的第一准则，挖空心思，绞尽脑汁皆源于此。

一旦司空见惯的东西出现了新用途定会身价大增，价格上涨，商家赚钱。

“这款音响效果特别好，这样的喇叭在市面上单买也得要你几千块钱呢！”

“我们的有健康功能，你家要是空气不好，用这个绝对合适。”

“买我们的手机，你就不用买照相机了。”

……

在卖场，这样的热情推荐越来越屡见不鲜。家电产品像一个个准备登台唱戏的演员，全副武装，披挂上身，长袖善舞，会唱歌的、可以录制节目的创维电视，能打印2500万像素的高清晰图片海信电视，一一出现在了人们的视野中。不仅如此，空调、洗衣机也在努力将IT产品的一些功能往自己身上拉，恨不得文武全能，样样精通！一个又一个让人想不到的点子频频跳出来，挑战着消费者的眼球。

高附加值，是一种技术上的精益求精，细节上的无微不至，价格上的合情合理，服务中的尽心尽力。**在提高附加值的过程中，提高工业设计的水平是非常重要的。**它绝不是一种销售手段，也不仅仅是技术开发，而是制造企业市场策略的重要延伸。它是以产品本身为途径，使企业的品牌在市场上留下痕迹；同时，它是以市场为导向，保持企业特点的核心竞争能力。

在技术相差无几的产品市场中，工业设计是企业将自己的产品标新立异的关键因素，也是我国家电企业寻求国际化突破的重要手段之一。无论是美国的实用主义、欧洲的浪漫风格，还是韩日的炫酷造型，都需要工业设计来实现。可以说，在技术成熟的家电产业中，包含有许多原创因素在内的“工业设计”，是产品附加值极为重要的组成部分。

7. 挖黄金不如卖水——中间性商机

俗话说得好：“螳螂捕蝉，黄雀在后。”绝大多数人都是急功近利的，他们只会将自己的眼睛盯在最终端，为了达到自己的目的，不择手段。比如，挖金矿时，从来都不会计较卖“水”的价格，结果黄金没挖着，却养肥了“卖”水的。

19世纪中叶，在美国的加州发现了一个大金矿，面对这样一个千载难逢的好机会，很多人都趋之若鹜！美国17岁的小农民亚莫尔，也是其中之一。

消息不胫而走，越来越多的人加入到了淘金的队伍！一时间，到处都是淘金人。可是，金子却很难淘到，连基本的都越来越难找。

当地气候很干燥，缺少饮水，可是淘金是个体力活儿，很多人都没有圆了淘金的美梦，相反，却葬身在这里。和其他的淘金者一样，莫尔也没有发现黄金，而且被饥渴折磨得几近半死。

有一天，亚莫尔听到一些人议论后突发奇想，淘金的希望十分渺茫，可是找水的希望还是很大的；与其在这里为了挖金子冥思苦想，倒不如去寻找水。于是，亚莫尔不再淘金了，他开始寻找水源。他把河水引过来后，变成了饮用水；然后，再装到桶里，运到山谷中，一壶壶地卖给那些淘金的人。

亚莫尔的行为，引起了很多人的嘲笑，有些人甚至还说他胸无大志，可是亚莫尔并没有将他们的话放在心上，因为他知道，任何一个地方的水都不会像这里一样卖出如此高的价格。几个月后，绝大多数人都是空手而归；而亚莫尔却通过卖水在很短的时间内挣得了6000美元，这个数字在当时是相当可观的。

亚莫尔的故事告诉我们，**是金子总会发光的，但是未必人人都能发现。要想找到商机，不仅要有一双火眼金睛，还要有一定的“脑黄金”。**当所有的人都认为某一件事能够带来财富时，在这件事情上就会出现激烈的竞争，此时如果能够独辟蹊径，就可能产生一些意想不到的效果。避开热门产业过度竞争的领域，转而开辟热门产业的辅助性

产业，就是独辟蹊径致富的方法之一。

如果将今天国人的出国梦看作是一种淘金梦，那么服务于此的新东方英语学校就是一个送水人。隐藏在教育产业化、培训机构等面纱背后的新东方，实际上是一个留学服务机构，俞敏洪则是一个留学摆渡人。

创办新东方英语学校之前，俞敏洪也是一个淘金客。大学毕业后，同学们纷纷出国，他却被大使馆数次拒签。成为北大教师以后，俞敏洪依然努力出国，但是依旧失败。

1992 年起，俞敏洪放弃了出国梦想，开始在社会上的培训学校里打工，随后自立门户。当时，教育培训已经发展到了相当高的程度，但是完全以“考 G”“考托”为目的的培训机构很少，而俞敏洪的新东方就是围绕“考 G”“考托”两个目的组织起来的，所以发展非常迅速。

1995 年以后，新东方开始急速膨胀，成为 GRE 和托福培训的代名词，俞敏洪也完成了从淘金客到送水人的转变。

在商业活动中，价值是一个链条，利益与利益往往也是相伴而生的。社会上每一种“热”都是一种金矿，但是金矿不是只有一种挖掘方式，在你的经营目标之外，仔细看一看与你的目标伴生的价值链条，也许就会发现意外的惊喜。

8. 注重基础建设——基础性商机

基础性商机，是引发所有商机的商机！对于长期的投资者来说，这是非常重要的。比如，社会制度、基础建设、商业规则等，我国加入 WTO 之后的五年内，就出现了一系列商机。

加入WTO之后，给我国企业带来了一定的冲击，同时也带来了一定的机会，使得更多的海外企业走进了我国内地市场，它们带来的不仅是先进的技术、先进的管理经验，还有新的观念和高素质的人才。

如果说，我国改革开放的前20年，主要引进的是“硬件”，那么今后一段时间引进的重点将主要集中在“软件”上。21世纪是知识经济的时代，知识和人才的作用比以往任何时候都重要。在这方面，西方发达国家有很强的优势，且经验丰富，加入WTO，就为我国企业学习借鉴这些国家的经验提供了天赐良机。

一段时间以来，国际大企业间掀起了一股收购热潮，资本的国际流动非常频繁，国内企业之间也在纷纷探讨重组问题。加入WTO后，跨国公司就会把一部分目光转向我国，进入我国的收购兼并市场，这就为我国企业有选择地吸收利用外资提供了一条新的途径。加入WTO后，由于享受互惠待遇，我国企业可以在更大程度上走向国际市场，参与国际经济竞争。

目前我国国内需求疲软，生产厂家竞争激烈，许多产品（如家电）出现了过剩，可以利用加入WTO的机会，走出国门，开拓国际市场，开展对外直接投资。在这方面，江苏春兰和青岛海尔等企业已经先行了一步。

我国加入WTO，对外商来说也是一个机会，需要降低关税壁垒，这意味着外商进入我国市场的门槛降低了；同时，取消了对外商进入某些产业的限制，外商在我国投资的空间扩大了。

从软环境上说，加入WTO，促使我国外贸政策的透明度进一步增加，外商在我国市场的活动可以在更规范的条件下进行。目前，我国政府非常关注基础设施的建设，在能源、水利、交通等方面都颁布了一些优惠政策。对外商来说，这些项目尽管期限较长，但有稳定的投

资回报，风险较小。随着沿海地区劳动力成本的增加，中西部地区的优势逐渐显现，值得关注。

亚洲金融危机发生后，国际资本纷纷把目光投向我国。可以预计，借助我国加入 WTO 的时机，将会掀起又一轮外商投资热，我国经济也将进入一个新的发展时期。

（1）纺织服装

纺织品和服装在我国出口总额中的比重占 20% 以上，过去我国纺织服装产品在发达国家受限较多。加入 WTO 后，利用多边贸易争端解决机制，这一问题就得到了解决。同时，加入 WTO 后，随着出口配额的取消，市场逐渐扩大，这就为我国纺织行业走出困境提供了新的机遇。

（2）工程承包

在美国《工程新闻记录》每年评选出的前 225 家大工程承包商中，我国目前已占有 26 家。我国公司承建的工程已经遍布世界各地，绝大多数都产生了不错的效益。加入 WTO 后，更多的工程公司选择走出国门，参与国际市场竞争。同时，也会有更多的国外承包商进入我国市场，参与我国的基础设施建设。

（3）计算机

加入 WTO 后，我国在几年内取消了半导体、计算机和辅助设备的进口关税。相对来说，取消进口关税对计算机硬件的生产和销售的影响可能更大一些；对于软件开发商来说，由于高科技的引进，发展前景可能看好。目前，企业要有意识地培养人才，以适应结构调整的需要。

（4）医药

加入 WTO 后，我国的药品进口关税大幅度下降，与其他 WTO 成员持平（6%左右）。目前我国医药企业的主要产品是原料药，附加值低，生产化学类药品的企业大多亏损。

关税降低后，面对洋药的冲击，我国制药行业将会面临一场真正的考验。开发新药品的费用较高，企业应当利用市场开放的机会，引进技术，走合资合作之路。同时，也应当看到，加入WTO后，国外对中成药的进口限制也会放宽，生产中成药的企业将会面临发展机遇。

9. 把握时代变化趋势——战略商机

20年前，我国出现了下岗的热潮，有些人抓住了这样的商机，于是就有了今天的“下岗”和“致富”的天壤之别。这些富人主动“下岗”，把握了时代变化的趋势，利用了这个商机。

2003年，石首市第二酒厂停产，郭祥盛经过下岗失业后的阵痛和彷徨，深深地认识到，要想摆脱困境必须自强自立，依靠党和政府的政策自谋职业和自主创业。于是，他向亲友筹借来8000多元资金，在岳父的自留地上修建了一个简易的酿酒棚，开办了家庭式的酿酒作坊。

郭祥盛最喜欢在网上下象棋了。一次和棋友大战之后闲聊，听说现在网络上能人很多，能够帮助他把酒打入大型酒厂作为基酒加工。郭祥盛顿时来了兴趣，要是能固定为大酒厂送基酒，不仅可以解决自家白酒的销路问题，还能给自己带来意想不到的收益。

可是，想进大酒厂谈何容易。在过去，郭祥盛也给一些大酒厂送过酒，可是人家一听说自己是下岗职工开办的个体作坊时，都不愿与他签订合作协议。

棋友介绍的所谓“能人”，其实是一位资深的网络写手。第二天，郭祥盛果然在网络上找到了棋友所说的“能人”，可是他感到很失望。因为这个人在网络有一个叫“鸣人软文”的网络店铺，主要业务是写作，仅仅是个“作家”，能帮啥忙?

郭祥盛心里犯了嘀咕，可是看在棋友的面子上便问了问，没想到店主的回答却让他精神为之一振。郭祥盛打算为自己的白酒打开知名度，创立自己的品牌。这个人还专门为老郭搞了一个品牌策划方案，并答应低价为老郭全程负责广告宣传。

在“能人”的指导下，郭祥盛在网络、报纸、电视上全面造势，并在当年向国家商标总局申请注册了“含芳”商标，打造出了“绣林玉液”的品牌，准确定位中端酒市场，将产品直接推销到宾馆、酒楼等终端市场。

很快，企业订单如雪片一样飞来。老郭瞄准时机，相继收购了石首市第二酒厂、第三酒厂，合并成立了“含芳”酒业公司。2010 年，著名的保健酒品牌劲酒集团向他抛出了橄榄枝，合资成立了劲牌酒业（石首）有限公司，在石首市江北工业园，年投资 2.18 亿元，建设了年产 1.5 万吨的纯谷酒生产项目。

九载创业，郭祥盛从下岗工人到千万富翁，实现了从下岗工人到千万富翁的创业蜕变。

只有把握时代的发展趋势，才能发现商机。我们坚信，未来一段时间必然会出现重大商机!

10. 跟随，做老二不做老大——关联性商机

一荣俱荣，一损俱损，由需求的互补性、继承性、选择性，可以

看到地区间、行业间、商品间的关联商机情况。以天津市的汽车行业为例：

最新统计数字表明，今天我国私家车保有量已经突破1000万辆，平均每120人就拥有一辆私人汽车。一辆汽车大约由1.5万~2万个零部件构成，涉及34个行业。私家车的增长，将使停车场、洗车、维修、商业、保险业、交通运输业等相关行业凸显商机。

（1）汽车养护市场

数据表明，私家车车主一般要用车价的5%以上的钱购买各类汽车相关保养产品。以每年500元用于养护相关消费，那么，拥有23万辆私家车的天津，汽车养护用品年消费额就已经超过了1亿元人民币。

目前，我国私家车保有量已超过1000万辆，并且每年将新增车辆200万辆。专家预测，随着新车型的增多，私家车正以几何速度增长。汽车保有量的激增，对车用护理品市场刺激极大。

在这个领域，还远没有达到强烈的品牌认知度之前，作为新生行业，国家尚未制定相关的标准，投资办厂的门槛很低，是个人或中小投资者创业的契机。

（2）汽车维修市场

就我国汽修市场整体来说，目前只有1%的汽车护理和检测设备商有能力对汽车进行完善优质的护理服务。也就是说，我国汽车“后市场”还有99%的市场空间尚待开发。因此，专家分析说，私家车数量增加让汽车配件和维修厂受益最大。

目前，为了应对修车快捷的需要，很多小型汽修店悄然崛起。一般的汽修店面积要求在200平方米，6~8个人就足够了。只要保证科学管理和正规的零部件供应渠道，投资并不是很多。

（3）加油站面向多功能

随着私家车的增多，用油量的增大，很多成品油巨头开始在国内铺设销售网络。为了发展成品油流通市场，中石化斥资313亿元人民币；中石油在2004年将加油站数目增加到2万~2.1万个以上。

与此同时，成品油供应商开始了加油站的“多功能”开发，增加了小修补、机械用油、配件等商品和服务；便利店也到加油站“揩油”，派生出了超市；在加油站销售汽车应急商品，如润滑油、刹车灯、急用配件、汽车香水和日常生活用品，如饮料、香烟、日用品、书报杂志等。

（4）洗车业

天津市私家车保有量大约有23万辆，如果每辆车平均每周清洗一次，一个月也有92万车次左右。目前，洗一次车的平均费用在10元左右，每个月至少将有920万元人民币进账。显然，汽车冲洗业蕴涵着巨大商机。

出于节约用水的考虑，目前都提倡中水洗车。投资中水洗车，对店铺的要求也许不高，但却耗时较长，成本也比较高。

11. 增值服务——商机

所谓系统性商机，指的是发源于某一独立价值链上的纵向商机，比如，随着电信的繁荣，IT需求旺盛，IT厂商赢利，众多配套商增加，增值服务商出现，电信消费大众化……基础业务是保证满足消费者基本通信需求的业务，而**增值业务则是运营商提供给消费者的更高层次的信息需求**。因此，提供更好更周到更多样的服务，满足消费群的个性化要求，就能让自己赚得利润。

增值业务是一种多元化、综合性的捆绑式业务，是集语音、图片、文字等为一体的综合性业务，内容丰富，涉及面广，是多种业务的集成体。增值业务提供的是一系列的业务组合，可以给用户带来全新的体验。

在我国移动用户规模蓬勃发展的同时，基于移动网络的各种增值业务也同样层出不穷，比如彩铃、彩信、音乐下载、免费 WAP……它们被称作国内移动通信市场的下一个“金矿”。

这里给大家介绍几项较为热门的移动增值业务，如果能够在这些方面下工夫，或许也能让自己在众多的竞争领域里获得更多的机会！

（1）手机支付

在我国，现金是主要的支付手段；然而，如果手机这一随身携带的工具也能在超市、餐馆等地消费，定会发掘出巨大的商机。

实际上，早在 2004 年，日本运营商 NTT DOCOMO 便推出了这一服务。目前，用 FeliCa 手机支付的 24 小时便利店在日本的街头随处可见，用户使用 FeliCa 手机支付也非常方便，还可以坐公交车或者火车等。

现阶段，我国移动与我国联通推出的手机钱包、手机购票等业务，也可以看作是手机支付的一种。比如，手机购票，就是通过一定的电子支付平台进行购票交易的；手机钱包则充当了“钱包”的角色，不仅可以缴费、购物，还可以订报、投保等。

今天，我国首个近距离通信（NFC）手机支付现场试验在厦门已经开始启动。在该试验中，通过使用具备 NFC 功能的诺基亚手机，消费者同样可以在公交汽车、轮渡、餐厅、电影院等营业网点进行手机支付，十分方便。

移动支付业务与人们的生活密切相关，对用户的吸引力非常大，许多人都认为它将在 3G 时代得到蓬勃发展。不过，基于短信、WAP

等的手机支付技术，可能会引发一定的安全隐患。比较起来，NFC 技术是一种短距离的无线连接技术标准，不仅具有移动性、方便性，还解决了用户对安全的一致需求。只有将两个 NFC 兼容终端互相靠近至几厘米的距离，或者让两个终端彼此“接触”，便能实现通信，专家预计它将在未来成为移动支付技术的主流。

（2）移动定位

在现实生活中，人们绝大部分的活动和位置都是密切相关的，而定位服务最大的魅力就在于能在正确的时间、正确的地点把正确的信息发送给正确的人。如果在手机上开通了定位服务，用户不仅可以方便地获知自己目前所处的位置，还可以手机查询或接收到附近各种场所的信息等。

目前，我国联通开通的“手机导航”就是一种移动定位服务。在这项业务中，用户只要在特定手机中输入想去的目的地，手机就可以“语音指路”。

在国外，移动定位服务都被看作是一项非常具有增长潜力的服务，不过现阶段，使用这一业务的用户还不多，而移动定位的技术也还需进一步发展。移动定位未来的业务市场，可能会主要用于企业用户市场，比如，车辆监控系统等对定位业务的需求就非常大，且对定位的精度要求非常高。而在大众市场，小孩或者老人会对此更感兴趣。

（3）无线音乐

《吉祥三宝》《两只蝴蝶》……这些歌曲诞生之后，迅速赢得了市场后，越来越多的用户将它们下载到手机上，或做手机铃声，或是随身听歌播放。

在国外，iTunes 音乐商店在日本仅开通了 4 天，就实现了百万的销量；2005 年 9 月底，KDDIEZChaku – UtaFull 音乐下载超过了 2000

万以上。再加上3G网络、终端技术的发展，以及终端厂商自己推出的音乐手机，数字音乐下载技术定然会逐渐走向成熟。

现在，我国移动已经强势进入了无线音乐领域，推出了M. Music品牌，成立了无线音乐俱乐部。今天，数字音乐下载业务的产业链已经初步成型，设备生产厂商、移动运营商、数字音乐提供商之间的合作已经展开。中国移动之所以要介入无线音乐领域，主要是看中了音乐业务这块收益丰厚的大蛋糕。

（4）手机电视

把电视的功能移植到手机上面，这种业务具有其天然的优势。手机体积小，携带方便，在韩国，手机电视业务发展十分迅速，同时还促进了手机终端产品的销售。

其实，目前手机电视业务的实现方式主要有三种：第一种是利用移动网络实现；第二种是利用卫星广播的方式，即所谓的DMB技术，韩国就采用了这种方式；第三种则是在手机终端上安装数字电视接收模块，直接获得数字电视信号，这样可以不通过移动通信网络的链路。

目前，手机数字电视标准只有欧洲的DVB－H和日本的单频段转播标准。电视业务发展至今，仅仅是刚刚起步。由于它本身涉及广电与电信部门之间的利益，产业链十分复杂，在技术标准、商业模式和赢利前景方面还存在着较大的不确定性。现阶段，手机电视业务在我国仅是3G手机功能的预演，离大规模的赢利还很远。

通过我国移动的增值服务不难看出，在增值业务上下工夫是可以找到商业机会的！

12. 不同的地方有不同的生活方式——文化与习惯性商机

不同地方的生活方式是不同的，不同地方人们的生活习惯也是不

一样的，如果巧动脑筋，对这些现象多加思考，**由生活方式也可以找到商机的切入点。比如，各种节日用品、生活与“朝拜”的道具。**

我国有着几千年的历史，民俗文化内容丰富，逢年过节，人们总喜欢用中国结、胭脂扣等吉祥物来装饰家居，而在本命年里系红腰带、穿红内衣讨个吉利也是老传统了。一个细心的女孩就在这些普通的吉祥物里发现了“民俗商机”，从而创造了巨大的财富。

大学毕业之后，苏卿只身来到深圳闯天下，一位同事请苏卿帮忙给自己的母亲选购一件生日礼物。苏卿先了解了一下老人的一些基本生活习惯，然后便打算买一些吉祥饰品送给老人。红色的饰品一则看起来喜庆，二则正好是老人本命年，按照民俗习惯还应该穿红内衣、佩红腰带以图个吉利。

苏卿在街上逛商场，可是偌大的深圳却没有一家吉祥饰品的专卖店，商场里也鲜有卖吉祥饰品的。无奈之下，苏卿只好买了一块大红布料，找到一家制衣店，缝制了一套红色睡衣；另外，自己买点材料做了几样挂饰。看到苏卿准备的这些礼物，同事高兴得直夸她有心。

细心的苏卿并没有就此打住，她暗暗寻思：如今各式各样的专卖店，诸如胖人服装专卖店、特大码鞋店、婴儿用品店等让人眼花缭乱，可吉祥饰品店却少之又少。这样的“民俗商机”发展空间可谓不小。于是，苏卿立刻着手准备她的创业基金，很快便从亲友处筹集了5万元。

2001年12月，苏卿在深圳罗湖区的东门商业区盘下一间临街小店。开张初期，生意着实红火了一阵，然而春节过后，生意就逐渐冷清下来。苏卿感到很困惑！一天，店里来了几位客人，进来看看后摇摇头就要走，苏卿拉住其中一位顾客询问原因。原来，苏卿店里的商品都是散装的，包装不太高档；且品种较少，春节时人们需求旺盛，往往不会在意，而春节后客人选购时就开始注重品质了。

经过一番思考后，苏卿决定对小店进行“改革”。经营品种向大众吉祥物扩展，除了红内裤、红袜子、红腰带和桃木剑本命年的“老四样”之外，苏卿还找厂家定做了红色唐装、红色领带、红色的洗涤用品和办公用品等，并一致采用了比较高档的包装。焕然一新的商品吸引了更多的顾客。

本命年里钟情红色早已成为一种民俗文化，深深植入人们的观念，诸如：牙刷、笔筒之类的日用品和挂饰、装饰品，即使不是本命年也用得着。经过不断的改进，苏卿的独门生意渐渐红火起来。半年之后，苏卿便顺利收回了全部投资。

美好的生活处处都存在商机，苏卿就是发现了本命年饰品批发市场的空白，获得了广阔的发展前景。

糖葫芦是北方人冬季喜欢的风味小吃。大约十年前，糖葫芦一直是插在草把上，站在街口叫卖的。随着人们生活水平的提高，卫生习惯也在改变，人们开始嫌糖葫芦敞着卖不干净，不让小孩子吃。

从外地来黑河卖糖葫芦的侯士武看准商机，就花1000多元，专门定做了一辆小三轮车，上面扣上玻璃罩，糖葫芦罩在里面，不进灰土。当时，像他这么卖的还真是独一份，所以侯士武的生意明显比别人好许多。

后来，侯士武又抓住现在的年轻人喜欢创新的特点，在糖葫芦

上花样翻新，做出了几十种带馅的糖葫芦，生意越做越活，钱越赚越多。

在我们抱怨生意难做之时，无数的商机就在我们身边溜走了。商机无处不在，关键在于我们能否有一双敏锐的发现商机的眼睛。俗话说得好，远在天边，近在眼前。其实，许多商机就在我们的身边，在我们的日常生活之中！从生活中发现商机，就能抓住商机。

13. 从时尚到复古——回归性商机

今天，人们已经远离了对时尚的追求，过去的东西又成为“短缺”物，回归心理必然出现。**在时尚和复古之间存在着很多商机，如果你是有心人，也是能够在这方面抓住机会的！**

阎峰的小店，主要卖各种老东西，他的店开在上海的绍兴路，一个寸土寸金但又是闹中取静的地方。走到店里，就会看到一堵贴着很多老照片的墙壁，这些老照片都经过了一个世纪左右的洗礼，每一张照片的背后都有一个故事。

阎峰非常看好做老式家居这个行业，他说，老式家居可以当生意做，也可以把这些老的家居用品当作一种收藏，这些东西也是非常有升值空间的。

阎峰很会做生意，这些老照片都是他从各个旧货摊，各条大街小巷里淘来的，成本很低。但是这样的东西却很有市场，他说：一些怀旧的餐厅和茶室，很喜欢用老照片做装饰，有一个法国的咖啡馆，从他这里一次性拿走很多照片。除了照片，还有老的东西，比如，老的日记本，甚至还有老式的热水瓶等。

商品都是真货，每一件东西都是经过岁月洗礼的，阎峰不愿意做假货，一来会影响店里的声誉，二来这些老东西还有升值的可能。

阎峰不喜欢兜售他的产品，他说，这些东西都有一定的文化意义，喜欢这些东西的人都是有一定的文化品位的人，给顾客一点欣赏的空间，有时候会更加容易把东西卖掉。

一直以来，很多电影制作人都会把眼光放在老上海的三四十年代，因为那个时代的上海除了给人留下奢华印象的同时，也给人带来了一种精致和细腻的感觉。或许是现代都市生活的压力和快速的生活节奏，很多人越来越喜欢三四十年代的老东西，把他们对生活的一种闲定的向往寄托在这些隽永的老东西上。

最近几年，各大品牌都在走复古路线，带动了复古的潮流。一时间复古配饰、衣物等都特别流行，特别是复古风格的衣服更是备受时尚女性的喜爱；除此之外，装修上人们也开始了对复古的推崇，如果能够在上面用些心思，可能你也会赚得满盆香！

14. 事件营销——灾难性商机

所谓事件营销，指的是由重大的突发危机事件引发的商机。危急时刻的雪中送炭是可以快速帮助一个企业快速树立良好的口碑的，在大灾难面前迅速地伸出援手，是一个企业社会责任感的体现。**在“慈善营销”大行其道的时候，就有诸多企业趋之若鹜。**

2008 年 5 月 18 日，央视举办了“爱的奉献——2008 抗震救灾募捐晚会”，拥有红色罐装王老吉商标使用权的香港加多宝集团一口气捐出了 1 亿元人民币，成为国内单笔最高捐款。大笔的善款令一个之前知名度并不算高的饮料企业一夜之间红遍大江南北。从 5 月 19 日开

始，网民疯传——“要喝就喝王老吉，要捐就捐一个亿！”

王老吉借时助势，结合央视捐助现场氛围将平面网络利用到了极致，进行了大量证明的信息报道，扩大了品牌影响力，提升了品牌美誉度。显然，王老吉达到了目的，这次的网络事件营销做得确实漂亮！王老吉是如何做到这一点的呢？

（1）借势

王老吉的捐款数额是足以引起一片赞誉的，况且是在当时“比富（比谁捐款多）”的大舆论背景下。CCTV 那场捐款晚会的收视率是毋庸置疑的，王老吉“一鸣惊人”，这可能比投放几个亿的广告效果都要好。

（2）策划

网友是单纯的，也是最容易被煽动的。王老吉捐款一个亿的“壮举”在接下来的几天里迅速成为各个论坛、博客讨论的焦点话题。但是话题是分散的，需要一个更强有力的话题让这场讨论升级。于是网络热帖“封杀王老吉”成了由赞扬到付诸实际购买行动的号令。这个创意契合了当时网友的心情，使得可能平日里会被人痛骂为“商业贴”的内容一下子成了人人赞誉的好文章。

（3）推动

病毒之所以能够扩散，除了病毒源“优质”之外，初期的推动也很重要。一个单帖会有如此大范围的影响，背后网络推手对于这个帖子的初期转载和回复引导至关重要。

BB 营销在这个事件中显得尤为成功：首发天涯等大论坛，然后迅速转载到各个小论坛，之后依靠病毒自身的传播惯性进行扩散。

新闻能否被着重处理，取决于其价值的大小。新闻价值的大小是由构成这条新闻的客观事实适应社会的某种需要的素质所决定的。一则成功的事件营销必须包含下列四个要素之中的一个，这些要素包含的越多，事件营销成功的概率越大。

新闻价值的要素，同时也是事件营销成功的要素，具体内容见表3。

表3　　新闻价值包含的要素

要素	定义	说明
重要性	事件内容的重要程度	判断内容重要与否的标准主要是看其对社会产生影响的程度。一般来说，对越多的人产生越大的影响，新闻价值越大
接近性	越是心理上、利益上和地理上与受众接近和相关的事实，新闻价值越大。通常来说，事件关联的点越集中，越能引起人们的注意	心理接近包含职业、年龄、性别诸因素。一般人对自己的出生地、居住地和曾经给自己留下过美好记忆的地方总怀有一种特殊的依恋情感，在策划事件营销时必须关注你的受众的接近性的特点
显著性	新闻中的人物、地点和事件的知名程度越是著名，新闻价值也越大	国家元首、政府要人、知名人士、历史名城、古迹胜地往往都是出新闻的地方
趣味性	越新奇、越反常、越变态、越有人情味的东西，人们越感兴趣	有人认为，人类本身就有天生的好奇心。大多数受众对新奇、反常、变态、有人情味的东西比较感兴趣

其实，一件事件事实上只要具备一个要素就具备新闻价值了。如果同时具备的要素越多、越全，新闻价值自然越大。当一个新闻同时具备所有要素时，肯定会很具有新闻价值，成为所有新闻媒介竞相追逐的对象。

1984 年，34 岁的张瑞敏入主青岛市电冰箱厂。他是短短一年中被派来的第四位厂长，前三位都已负气离开。他刚一上台，就颁布了 13 条规定，从禁止随地大小便开始，揭开了海尔现代管理之路。

1985 年的一天，一位朋友要买一台冰箱，结果挑了很多台都有毛病，最后勉强拉走一台。朋友走后，张瑞敏派人把库房里的 400 多台冰箱全部检查了一遍，发现共有 76 台存在各种各样的缺陷。

张瑞敏把职工们叫到车间，问大家怎么办？多数人提出："既然不影响使用，便宜点儿处理给职工算了。"当时一台冰箱的价格是 800 多元，相当于一名职工两年的收入。

张瑞敏说："我如果允许把这 76 台冰箱卖了，就等于允许你们明天再生产 760 台这样的冰箱。"他宣布，这些冰箱要全部砸掉，谁干的谁来砸，并抡起大锤亲手砸了第一锤！很多职工砸冰箱时都流下了眼泪。

在接下来的一个多月里，张瑞敏发动和主持了一个又一个会议，讨论的主题非常集中："如何从我做起，提高产品质量。"三年以后，海尔人捧回了我国冰箱行业的第一块国家质量金奖。

张瑞敏说："长久以来，我们有一个荒唐的观念，把产品分为合格品、二等品、三等品还有等外品，好东西卖给外国人，劣等品出口转内销自己用，难道我们天生就比外国人贱，只配用残次品？这种观念助长了我们的自卑、懒惰和不负责任，难怪人家看不起我们，从今往后，海尔的产品不再分等级了，有缺陷的产品就是废品，把这些废品都砸了，只有砸的心里流血，才能长点记性！"

一场砸冰箱的事件，不仅使海尔成为了当时注重质量的代名词，同时也折服了海尔所有的人，从而确立了张瑞敏在海尔绝对的领导地位。

海尔砸冰箱成为我国企业注重质量的一个最典型的事件，并因此成为无数大大小小的媒体、书刊、高等院校的“经典案例”，最重要的是，通过这一事件的传播，海尔注重企业管理、注重产品质量的形象被极大地树立起来。

20 年后，当海尔今天创造逾千亿元人民币的年收入、打造国际品牌、在距离全球 500 强最后一千米处全速冲刺时，对当年砸冰箱之勇，张瑞敏感慨地说：“现在你想砸也不可能了，如果再出质量问题，不是这么少一点，当时只有几十台，现在动辄就是几万台。”

本章小结

创新机遇的预测需要企业有良好的运作组织，高层决策者要有极为敏锐的观察发现能力。这是因为：不论是引人瞩目的创新还是微不足道的改进，大多数创造性活动不仅事先未曾计划好，而且完全出乎企业的意料。

短缺是经济活动的第一动因，正如鲁迅先生所说，胶东的白菜到了上海，是要用红头绳吊起来卖的，这就是物以稀为贵。

在市场瞬息万变的情况下，只有抢先一步，快人一拍，抢占市场竞争的制高点，才能在竞争中求得生存和发展。

价格在很大程度上影响着消费者的购买行为。在同等质量的情况下，价格比别人低必然会让自己的产品具有更大的优势。

有很多人不知道怎么寻找商机，其实，商机就源自我们的生活。多留意你生活中的细节，就会有收获。

是金子总会发光的，但是未必人人能发现。要想找到商机，不仅要有一双火眼金睛，还要有一定的“脑黄金”。

第五章

模式革新，创造、把握绝对商机

互联网已经从“网民”“网友”时代进入“网商”时代，等你看清楚时已经晚了。

——马云

商业模式，商业赢利的根本

今天，商业模式已经成为挂在创业者和风险投资者嘴边的一个名词。有一个好的商业模式，就等于成功了一半。

所谓商业模式，就是公司通过什么途径或方式来赚钱。简言之，饮料公司通过卖饮料来赚钱，快递公司通过送快递来赚钱，网络公司通过点击率来赚钱，通信公司通过收话费来赚钱，超市通过平台和仓储来赚钱……只要有钱可赚的地方，就有商业模式的存在。

要想赢利，首先就要实现商业模式的创新。商业模式的创新作为一种新的创新形态，其重要性已经不亚于技术创新等。近几年，商业模式创新在我国商业界已经成为流行词汇。

在网络经济如日中天的今天，有些人可能会发出这样的疑惑：传统公司一定要遭淘汰吗？不一定！有些传统公司不仅活得挺好，而且更加欣欣向荣，快递公司就是其中的典型。

今天，经过脱胎换骨的改造，快递公司已经摆脱了“傻大黑粗”的形象，甚至成了网络经济中第一批赢家。大家都在网上买东西，能将商品及时送到顾客家门的配送系统，当然就是网络新生活中的有机组成部分。

在1998年的圣诞节，美国网上购物人潮汹涌，美国联合货运公司（UPS）承运了其中的55%商品，美国的邮政系统承运了32%，联邦快递（FedEx）承担了10%。UPS公司宣称，他们现在业务的60%都是通过网络开展的，1999 年的网络收入达 53.4 亿美元。

但是，网络时代的快运公司已不是过去的模样。UPS 公司在美国全国范围内建立了仓储和包装系统，可以在顾客需要的时间内送货上门。配送单也是在网上流通，最难能可贵的是，顾客能在网上看到配送过程中自己的商品到达什么地方，把顾客的不安全感降到最低。UPS 公司还为自己的客户提供了免费接入，客户可以随时查看货物的流动状况。所以，UPS 公司已经很难分清楚哪些是网上业务了。

FedEx 公司过去就有自己的网络系统，只不过不在互联网上。FedEx 公司的网络收入高达 56 亿美元，所以 FedEx 公司收购了一家软件公司，全面改造了过去的系统，与互联网接轨，为客户提供“一站式”服务：只要你发来一个电子邮件，剩下的就全部由我来做。

网络和电子商务，似乎一下子就让这些“老兵”找到了新的、更刺激的岗位。

商业模式是等价交换的产物。人类第一个商业模式是以物易物；第二个商业模式是以等价替代物易物，如金银珠宝等；第三个商业模式则是纸币易物。前三种商业模式经历了漫长的岁月，从人类进入工业化时代开始，商业模式也日益增多。从新千年开始，或者说从信息时代开始，随着商品的不断增多、交换方式的不断改变、交换地点的相对固定与不断变幻，商业模式可谓层出不穷。今天恐怕没人能说得清楚，短短的几天之间就能产生出一个新的商业模式。

商业模式不同于专利技术，需要申报确认，因此扑朔迷离的商业模式真有点让人眼花缭乱、目不暇接。即使是同样的商业模式，在不同的人手中也常常花样翻新，给当代社会注入了新鲜与活力。

任何一个成规模企业都在追求自己的商业模式，都在寻找扩大产品销售的渠道。

1. 绝不亦步亦趋

独辟蹊径、人无我有是商业模式追求的最佳境界。要做到这一点，除了持续创新，还是创新。这种创新在很大程度上来讲就是管理创新，当然它必须辅以技术手段。

最近几年，与科技进步相结合，同时在管理方式上大胆创新，引领潮流的几种主要商业模式有：电话营销、电子邮件营销、手机短信营销、博客营销、网站营销。

从2003年开始，差不多每年都会出现一个新主题，其创新者和率先使用者都获得了极大的商业利润。其中最为成功的莫过于手机短信拜年，十三亿中国人，一人一条就是一亿多元。多么富有创意的设计，移动、联通从手指头就赢得了众多收益。

2. 比别人做得更好

当所有的家用电器都向苏宁、国美妥协的时候，只有格力电器特立独行。他们坚持走自己的路、开自己的专卖店，他们在专业生产、专业经营上狠下工夫。

十年过去了，格力不仅没有倒在经销商的围追堵截下，相反，凭借自身的专业、专注、专心，以服务顾客为己任，保持了质量的领先。他们以为顾客终生服务为宗旨，成了顾客心中真正的第一空调品牌，即使是在金融危机袭来的时候，格力依然保持了产销两旺的势头。

3. 反其道而行之

商业模式既可以创新，也可以推陈出新，在别人放弃的时候，坚持就是胜利。在非常时期敢于逆向思维，也可以发现商机。

有一个年轻人经营着一家轧花厂。当别人都捂紧口袋不收购、不生产的时候，他却坚持生产，绝不关门，并且上涨了员工工资。在管理人员减少的情况下，仍然保证了棉花加工的质量。当别人都停产的时候，他的产品反而更加畅销。

4. 居安思危，主动放弃

当某种商业模式成为人人模仿的对象时，聪明的商家应该主动选择放弃。任何好的方式方法都会受到时间的制约，都只是阶段性成功，而不会永久成功。

十年前，卡拉OK非常火爆，一位老板却在生意最旺最繁忙的时候转手了。很多朋友都不理解。两年后，卡拉OK逐渐淡出市场，人们才恍然大悟。转让时老板的一句话给人们留下了深刻的印象，他说："中国人喜欢赶潮流，卡拉OK人们很快就会玩腻的。"

有人说商业模式就是要追求新、特、奇，其实不是！那些以恶俗广告带动销售的商业模式就为正人君子所不齿。没有社会责任、没有远大目标的企业，任何新、特、奇的商业模式都只能风靡一时，很快就会被人唾弃。

总之，一个好的商业模式一定是符合大众审美情趣、满足大众需要、带给大众享受的模式，而不会是其他。

模式革新，跟得上时代就拥有绝对的商机

进行模式革新，首先就要跟上时代的发展；如果违背了这一原则，

是很难找到机会的！为了说明这一点，让我们来看看下面的这几个例子：

1. 思维革命的天娱模式

2005年最成功的商业策划，是上海天娱公司策划的《超级女声》节目。超女播出之日，万人空巷，堪比春晚。可是与春晚大把烧钱不同，天娱的整个策划过程几乎没花一分钱，所有的媒体都在为其做免费的狂热宣传。仅仅靠这一个策划，天娱公司便迅速跨入了财富之林，成长之快，令人咂舌。

在过去，大家都认为，越好的节目、越精致的节目越容易引人注目，可是《超级女声》却告诉我们，这些都没错，但是真正引人注目的是那些观众参与率高、互动性强的节目，从这个意义上说，《超级女声》堪称一场革命。

“超女”之所以会产生如此深远的影响，主要得益于创意化的学习。《超级女声》的创意是直接“拷贝”美国的娱乐节目《美国偶像》的，这是拿来主义。但是《超级女声》的成功，很大程度上在于本土化，比如，废除年龄门槛、提出想唱就唱；将短信投票和PK淘汰联系起来，加强与观众的互动性等。

从2004年的门庭冷落，到如今的火热，天娱公司与湖南卫视始终在根据市场反馈调整。《超级女声》是一个文化现象，但是对企业来说，每一个旧思维打破、新思维产生的过程都是商机无限的。

2. 得势不饶人的盛大模式

企业的发展、增长和赢利，应该问一问自己有没有把优势发挥到最大化，是否可以取得更大的增长。盛大就是一部“传奇”，它的发家有相当大的偶然性。

在取得《传奇》代理权的时候，陈天桥是被动而且好运地被人挑上的。但是在《传奇》站住脚后，却为陈天桥这一商业天才提供了广阔的舞台。

陈天桥购买服务器之后，改为租用服务器，使他利用游戏玩家的增长对运营商取得主动；拖欠韩国人分成费，成立恒康网络来做销售渠道总代理，这些灰色的手段是他对上游资源的占用。《传奇世界》的开发是陈天桥对知识产权束缚的挣脱。陈天桥的精明就在于，所有这些成果都被用于加大投资，每一步议价的成功都成为下一步议价的筹码。

这种得势不饶人的扩张，取得了丰硕的成果，如今《传奇》的注册用户已经过亿，同时在线人数超过100万，运营它需要至少6000台以上服务器。陈天桥掌握着巨大的用户群和极高的投资壁垒，成为《传奇》这个价值链中议价能力最强者。最后，吃了亏的韩国人只能反过来求陈天桥继续做《传奇》。

新兴的网游市场是一块风水宝地，盛大的成功在很大程度上的确依赖于此。但是，尽管网游是一个暴利行业，受挫甚至倒闭的厂商仍如过江之鲫，比如，聚友网络、海虹控股等。即使同样成功的网游公司，如九城、蜗牛等公司，在分量上与盛大也是有相当差距的。

盛大之所以能够占据大片江山，和其得势不饶人的扩张战略有着密切的关系。这就和打仗一样，历代的战争，最大的战果往往不是在决战中取得的，而是存在于战胜后的扫荡与追击中。

3. 驾驭业态变革的如家模式

如家抓住了业态变革的先机，在市场起飞之前进入了行业，最终成功地占据了一席之地。远离了新经济，立足于一个老得不能再老的

行业（酒店业），如家的发展速度着实让人惊讶。

2001年季琦注意到一位网友在抱怨携程上预订宾馆的价格偏贵。于是他对携程网上订房数据情况做了分析，发现新亚之星的客房卖得特别好，季琦没有放过这个情况，马上亲自去试住此类酒店，于是发现了这个意料之外的市场空白。

季琦进入酒店业的时候，全国的酒店数量远远供大于求，特别是中低端酒店的市场份额占总量的80%～90%，但是，季琦仍然一头扎了进去。他认为，连锁业态将被引入到经济性酒店业中，经济型酒店将发生革命性的变化，以往的情况不能作为判断的标准，于是他便做出了这个“毫不理智”的决定。

事实证明，季琦是正确的，他所进入的领域不是竞争者众多，而是一片空白。季琦认识到，业态的变革将带来行业的洗牌，在这种环境中原有的市场占有基础将不复存在；他相信，尽管表面看起来从业者众多，只要找准自己的切入点，就会获得发展的机会。

如今，锦江之星、莫泰168等原有的经济型酒店都迅速扩张，速8等外资品牌的经济型酒店也相继进入我国，在短短的几年时间里，经济型酒店的门槛迅速提高。机会稍纵即逝，但是如家却抓住了业态变革的先机，在市场起飞之前进入了该行业，最终成功地占据了一席之地。

形成自我商业模式获取商机的方法与途径

1. 重新定义客户

每一个企业的商业模式是要选择客户、定义客户的，我们最怕的一句话就是老少皆宜。这个产品老少皆宜，谁都可以；这个服务天下通吃，谁都适用。要知道，这是商业模式设计的大忌！

企业经过五年、十年的发展，也许真的有一天可以做到赢者通吃，打遍天下无敌手，每一个人都是我们的客户，但是一开始绝对不可以。开始的时候，必须找到一个精准的客户切入进去，这个切入点越精准，风险越小，成功概率也就越大。

精准目标顾客的定位，就像我们要给客户画一幅素描图像一样，通过这个素描图像，可以去通缉客户，可以低成本地找到目标客户。**每一个商业模式都源于对精准目标客户的素描。**

凡客诚品的“凡客”意味着平凡的客户都是它的客人，但它并没有一开始就去做女装，而是先从男装切入，这是非常重要的。凡客诚品公司的服装一开始就定位为懒男人，即那些不想去百货商场购物的懒男人，而不是放之四海皆准。如果它一开始就切入女装，今天必死无疑。在一个周期之内，它是以男装为重点的，主要是为了满足懒男人的需求。

要想精准地把握客户的需求，谁是你的目标顾客，哪些顾客是额外的？对于这样的订单，一定要做到心里有数。凡是自己精准定位的目标顾客，如果不买你的东西，就意味着你的设计是失败的。对于精准定位的客户，一定要想尽办法拿下；其他客户购买了你的东西，就是额外的，捡便宜的，对于这一点要清楚地认知。

一定要知道哪类客户群是你精准定位的目标，如果目标顾客不买你的东西，就意味着商业模式的设计失败了，或者有些关键点还没有打通，要想办法将这类客户群的订单搞定。而体现商业模式发展潜力的关键就在于，你锁定的目标客户群是否大量地购买了你的产品或服务。

2. 调整自我的业务

所谓业务模式值指的是，运营商、设备制造商、终端提供商、IP等产业链的各个环节在整个产业生态环境中的位置、互相的关系。今天，已经有很多企业认识到，通过业务流程重组（BPR）不仅可以发挥信息技术的功效，还可以提高管理水平。

可是，随着客户期望的提升和竞争的日趋激烈，仅仅在业务流程层面进行优化已经远远不够，一些领先的企业已经将信息技术的应用提升到了新的高度，并且正在进行面向全程供应链的业务模式重组。

（1）基本业务模式

①资源垄断模式

这种模式比较特殊，是建立在对某项政策资源或自然资源垄断基础上形成的业务模式。当企业通过某种方式获得、独占了这些资源之后，业务模式也就兴起了。

一般来说，对国家发展具有重要战略意义的国有大型企业会采用此种模式，例如，石油、电信等企业。通过对资源的独家垄断控制，企业就可以彻底排除其他竞争者的进入，从而实现高额的赢利。

②规模效应模式

有些企业虽然具有较大的规模，但是并不一定意味着具有较强的竞争力和较高的利润水平。对于一些行业来说，比如，客户需求量非常大、产品高度同质化等企业，如果采用这种商业模式，就会有力地获得较强的市场控制力量，增强对销售渠道的议价能力，降低采购成本，吸收更多的稀缺资源。

③市场份额模式

很多企业都能凭借自身的实力，在整个市场或者某一区域市场中，占据绝对的领先地位，成为行业的领导者。这些企业一般都对市场有着极强的控制力，占有较高的市场份额，不仅可以有效降低广告等营销费用，还能够吸引更多的技术和人才。而且，他们的现金流充足，市场波动比较小，如通用汽车、沃尔玛等企业采用的就是这种业务模式。

④客户培养模式

有些企业会选择合适的客户群进行预先投资，帮助客户解决困难，建立和培养起良好的客户关系，赢得客户的充分信任，这就是所谓的客户培养模式。例如，根据客户的需求，为客户量身设计解决客户需求的产品或服务，帮助客户了解如何购买和使用产品等；在前期的客户关系中培养相互信任的关系，减少日后在客户关系维护上的费用；一旦客户的忠诚度提高，自然就能为企业带来稳定的高额利润。

⑤高低端结合模式

有些企业会根据不同客户对价格的敏感程度和产品属性偏好的不同，按照产品的价位和附加值将其分为高端、低端两大类。虽然低端产品数目都比较多、利润很少，但却可以起到一定的防火墙作用，挡住其他竞争对手争夺客户和进入该业务领域；高端产品虽然种类较少，但价格较高，利润较大，可以为企业带来赢利。

例如，瑞士的SMH手表公司。他们不仅拥有欧米茄、浪琴、雷达等世界知名品牌的高端产品，为其获得巨额的利润；为了防止竞争者进入，他们还开发了一款价格超低、只有微利的手表品牌。

⑥速度领先模式

创新的产品在刚刚上市的时候，一般成本都高，这时候的边际

利润率最高。随着时间的推移，产品的价格和成本会逐渐下降。但是价格下降得比成本快，这样边际利润率就会不断下降，甚至达到负值。

在新产品上市初期，要尽快使产品扩散，把好处用尽，等到产品成熟了，其他企业开始效仿的时候，产品利润已经所剩无几了。创新产品获得高额利润的时间很短，因此创新的速度和产品扩散的速度都非常重要，比如：英特尔公司、金融创新公司等高科技企业和创新型公司都适合采用该业务模式。

⑦重复获利模式

所谓重复获利模式就是，企业建立起一项基础技术或者产品，利用这一基础技术或产品的功能特点，通过不同的实现形式重复地获利。这种模式一般都拥有大量的消费者业务，比如：保洁公司推出的沙萱、潘婷、海飞丝、飘柔等系列洗发水，虽然市场宣传的功效各不相同，但是配方和制造技术基本上却是一样的。

使用这种获利模式，企业一旦投入巨资建立了一个品牌，建立在该品牌之下的一系列产品都会获得消费者的认可，企业就可以通过不同的产品或服务形式重复获利了。

⑧渠道整合模式

在某些市场上，供应商是直接发生交易的，如果通过各自的渠道单独完成交易，会加大双方的交易成本。这时候，就出现了一种高价值的中介服务，对各方渠道进行重新组合，为其提供交易平台，以此来降低各方的交易成本。同时，提供中介服务的企业通过收取管理费、进场费等方式也会获得高额回报。比如，国美电器、苏宁电器都不是直接生产电器产品的，他们通过整合电器产品的销售渠道获得了商业上的巨大成功。

⑨行业标准模式

有些具有规模收益递增的行业通过自身的技术优势，在行业内建立起一套技术标准，迫使其他企业必须服从这套标准。行业标准的所有者可以计划下一个阶段行业的发展规划，让竞争对手和客户只能被动地服从自己规定的节奏；同时，采用该标准的客户越多，标准体系的价值就越高。

随着体系价值的增加，标准持有者可以通过改进和升级来获得更多的回报，比如：微软、IBM、英特尔都是各自行业标准的制定者。

⑩品牌制胜模式

为了增加顾客对自己产品的了解、认同和信任，树立良好的品牌形象，有些公司会投下巨额营销投资，通过用户使用品牌公司产品和服务的品牌效应，实现利益。当用户愿意为这样的产品支付更高价格的时候，品牌效应就会转化为企业的利润。

世界知名服装品牌的很多产品，例如，耐克、阿迪达斯等都是在我国代工生产的，其成本仅有几十元，一旦将耐克等品牌贴到这些产品上，身价就会倍增，在国际市场上可以卖到成百上千元。同样，具有了不同的品牌，价格就会迥异，这就是品牌制胜模式的秘诀所在。

⑪瓶颈控制模式

在许多行业的价值链上，权力分配是非常不均衡的，价值链的瓶颈环节控制着整个价值链的运行，其价值是其他环节的10倍，高额利润也集中在这些环节。这些都是商战中需要予以控制的制高点。

控制了瓶颈的公司，其商业计划就决定了整个价值链的未来，其他公司只能被动地做出相应的反应，总是落后一步。因此，把业务集中在某些瓶颈环节可以获得更高的回报。例如，在汽车行业中，金融服务、货款担保等下游业务是价值链上的瓶颈环节，也是利润的高集

中区域。

⑫周期利润模式

有些行业具有明显的周期性，低谷时需求量减少，大多数企业会面临亏损；而高峰时期需求大量增加，企业开始赢利。生产成本随着由低谷进入高峰而减少，价格就会不断增加。如果企业将自己的成本减少到平均线以下，在其他企业亏损的时候，就可以持平；在其他企业持平的时候，你就可以实现赢利，比如，丰田公司采用的就是这种利润模式。

⑬价值延伸模式

不管在任何行业，企业都不是依靠销售产品和提供服务来获利的，而是依靠对价值链的延伸，也就是依靠产品的售后服务和融资来获利的。特别是对于高价格的产品，比如航空。虽然顾客的选择余地大，价格敏感度较高，但是售后服务相对价格要比原产品低很多，顾客对其价格不敏感。

由此可见，企业可以通过价值延伸方式，从后续的价值活动上获取较高的边际利润。而且，即使企业没有自己的基础产品，也可以通过对其他企业产品的价值延伸让自己获利。

⑭文化传播模式

在产品同质化比较严重的市场上，产品质量间通常都是没有多大的差别的，依靠价格战会大大降低企业的边际利润。这时候，就要利用顾客看重产品的形象和文化含义，通过文化理念的传播，产生一定的心理暗示，逐渐吸引消费者的诉求，从而获得较高赢利。

对于可乐产品来说，百事可乐和可口可乐本身并没有太大的差别，两者的价位基本一样。可是，为了在巨大的可乐消费市场上分得一杯羹，百事可乐在营销宣传上突出了“欢快、青春、活泼、时尚、新鲜、活力、经久不衰、活跃”的“新的一代”的文化理念。这种文化理念吸引了大量的年轻消费者，同时也为百事可乐带来了较高的市场回报。

⑮电子商务模式

互联网的大量普及为众多企业提供了千载难逢的商机！今天商务已经成为一种全新的业务模式，相对于传统商务活动来说，电子商务范围广泛、受时空限制影响小、信息来源广、交易环节少、交易费用低、交易效率高，优势明显。例如，“中华速购”利用中美之间巨大的贸易逆差和我国的产品制造的优势，为中美贸易提供了电子商务服务，创造了 B to Small B 的电子商务业务模式。

目前，电子商务模式主要包括：B for C 型，如爱代购；B to C 型，如当当、卓越、淘宝、易趣；B to B 型，如阿里巴巴、慧聪；C to C 型，如淘宝、易趣。其中，阿里巴巴作为我国最大的电子商务网站，能够为 220 多个国家的 760 多万企业和商人提供电子商务交易服务。每年通过阿里巴巴，在国内的交易额达到 250 亿元以上，国际交易额达到 100 亿美元以上，而且每年都在大幅度增长。

（2）业务模式的成功要素

要想实现业务模式的创新，就要满足如下几个要素：

①与外部环境相适宜

外部环境是业务模式赖以生存和发展的土壤，业务所处的政治、经济、法律、科技、文化环境，以及业务所属行业的发展阶段，都会对业务模式能否成功产生巨大的影响。如果业务模式不适应其所处的外部环境，甚至经常发生冲突，那么不管设计得多么精巧细致，都是很难获得成功的。

在 PC 界迅速崛起的戴尔公司，其直销模式在经济发达、网络基

础建设完善、网上购买比较普及的欧美国家取得了巨大成功，迅速超过了IBM、惠普等老牌企业，成为全球业界老大。但是，戴尔的直销模式在我国却不如它在欧美那么风光！因为中国人目前还习惯实物交易，看到货之后才愿意付钱；而且，在很多农村市场，无论是订货、销售，还是售后的服务，直销模式根本就无法完全展开。因此，戴尔在我国市场上一直没有得到更大的优势。

②与内部资源和能力相匹配

一个业务模式要想实现成功，仅仅适应外部环境是不够的，还必须与自身所拥有的资源和能力相匹配，比如，企业的资金能力、技术能力、人力资源能力、管理能力等，必须有与之相匹配的技术、资金、人才、管理等。

为了追求资产的盈补性，巨人集团用以超过其资金实力十几倍的规模，投资于一个自己生疏而资金周转周期长的房地产行业，实物资产的整体性和时间约束性使公司有限的财务资源被冻结，公司的资金周转出现了困难，并因此而形成了十分严峻的资产盈利性与流动性矛盾。

与此同时，巨人集团从事房地产开发和建设，却未向银行申请任何贷款，不仅使企业白白浪费了合理利用财务杠杆作用给企业带来效益的可能机会，而且也使企业因放弃举债而承担起了高额的资本成本。最后，企业在资产结构与资本结构、盈利性与流动性的相互矛盾中陷入难以自拔的财务困境。

③与竞争对手保持一定的差异性

每个企业的成长背景、所处的环境、拥有的资源和能力都是不相同的，所以设计出来的业务模式也应该不完全一样。同时，业务模式越是独特，越是与众不同，其他企业越难以效仿，越容易形成竞争优势，则业务模式的赢利能力也越强。

例如，戴尔公司的定制化直销模式与传统的零售和批发销售业务模式截然不同，使戴尔公司获得了巨大的成本优势和速度优势，赢利水平远远超过其他公司。

④要针对现实而不是过去或未来

一个业务模式被设计出来就是为了满足现实的需要，不能过于保守，但也不能超越现实，远离现实的业务模式只能给企业带来灾难性的后果。

⑤保持一定的稳定性与动态性

业务模式是稳定性与动态性的结合，稳定是为了把现有的能量全部发挥出来，动态变化是为了适应新的要求。

所谓稳定性，是指企业的业务模式在一定时期内是固定的和基本不变的。一种业务模式要完全将自己的效果发挥出来不是一朝一夕的，在确定了业务模式之后，各项资源付诸实现，不能左右摇摆。同时，随着企业的发展，竞争环境的变化，利润的逐步下滑，原来的业务模式可能变得不再适用，这时候企业就要重新设计一套业务模式，这就是业务模式的动态性。

3. 用新的科技与工具打造自我“品牌”

一个优秀的品牌，不仅可以促进产品的销售、提高抵御市场风险的能力，还可以拥有较多高忠诚度的顾客群体。既然已经了解了好品牌的标准，那么如何才能打造出这样的品牌呢？企业应该做哪些方面的努力呢？

（1）精准的定位

要想将人的积极性调动起来，就应该设置具有这种“高度”的目

标，对于企业来说也是一样。澳洲汉婷国际的定位为“人类健康产品集研发、生产、销售为一体的综合性跨国企业”，十几年的努力也验证了这一定位的精准性，虽然澳洲汉婷国际跻身行业大军时间不长，但是却在同行之中脱颖而出。

在企业的发展过程中，要做自己力所能及的事，在做事的过程中不断提高自己。也就是说，既要让人有机会体验到成功的欣慰，不至于望着高不可攀的“果子”而失望；同时，不要让人毫不费力地轻易摘到“果子”。“跳一跳，够得着”，就是最好的目标。

（2）拥有质量过硬的产品

想要打造优秀的品牌，首先就要拥有过硬的产品品质。如果过于依赖广告、促销等手段，没有好的产品作为支持，必然无法拥有忠实的顾客与良好的口碑，品牌建设根本无从谈起。

韩国三星电子集团总裁秉承“产品质量就是我们的生命”，使曾经只是一家三流的小电子公司发展成为了今天的电子行业巨人。所以，在打造品牌前，一定要先看一看自己的产品是否足够好，至少要达到市场的准入门槛。如果你的产品质量不仅过硬，还具有独特的差异性，那么对于塑造品牌将是非常有益的。

（3）建立品牌的使命

品牌存在的意义是什么？可以为顾客及社会创造什么价值？当一个品牌可以为顾客及社会创造出价值时，这个品牌即使不做广告，也会被消费者所铭记。

“魅俪康”的使命是为世人带来真正的健康和美丽，从而改善人们的生活品质和精彩生活，特别是在天然营养品和草本精华的应用技术上均处于领先地位。

提起“沃尔玛”三个字，人们一般都会想到便宜、省钱，没错，这就是沃尔玛品牌的使命，这个使命让一个曾经仅有20多平方米的小杂货店成为全球连锁店超过3000家、年销售额几百亿美元的零售业巨人。

品牌使命不是口号，确定了符合自身特点的品牌使命后，就要以此为目标，坚持不懈地为之而努力；当你实现了品牌的使命与价值后，这个使命也就成立了。在这个过程中，实现的方式不是传播，不是口号，而是为顾客所能解决的实际问题。

（4）设计一个好的品牌故事

设计一个让人感兴趣的品牌故事，可以增强顾客对品牌的印象与好感度。品牌故事是品牌文化中最感性的部分，有趣或感人的品牌故事可以让顾客产生深刻的记忆。

依云矿泉水一瓶能够卖到几十元，就是因为其中有一个好理解、吸引人，又与产品有极高正面关联度的品牌故事：

> 依云镇的背后是雄伟的阿尔卑斯山，这是依云水的源头，高山融雪和山地雨水在阿尔卑斯山脉腹地经过长达15年的天然过滤和冰川砂层的矿化形成了依云水……
>
> 1789年，一位法国贵族患上了肾结石。有一天，当他散步到附近的依云小镇时，取了一些当地的水，坚持饮用了一段时间后，他惊奇地发现，自己的病奇迹般的痊愈了。
>
> 这件事情迅速传开，专家们就此专门做了分析并且证明了依云水的疗效。从那以后，大量的人群便涌到了依云小镇，亲自体验依云水的神奇，医生们更是将它列入药方。

（5）容易记忆的品牌标志

标志是品牌的视觉化传达，一个好的标志能让人产生过目不忘的

效果，并产生好感；如果设计不当不仅不容易记忆，还可能让人产生排斥的心理。比如，如果在一种品牌香肠上，设计的标志是一个粗糙的蜜蜂图案，冷眼看过去就像一只落在香肠上的苍蝇，顾客产生这种想法后，怎么会有兴趣购买？而只要一看到瑞星那个以盾牌为主要元素的品牌标志，人们就会有一种安全、可靠的感觉。

（6）让品牌成为品类代表

让品牌成为品类代表，对品牌的建设与发展是有很大帮助的。生活中，我们买方便面时可能不会说“来碗方便面”，而会说吃碗“康师傅”；买矿泉水时，会直接说“来瓶‘娃哈哈’”。这时候，康师傅就成了方便面的品类代名词，而娃哈哈则成了矿泉水品类的代名词。

当品牌发展到这种可以代表一个品类的程度，消费者想买该类商品时首先就会想到它，这对促进销售无疑是非常有帮助的。设计一个可以代表某一品类的定位并坚持传播，相信，你的产品总有一天会成为该品类的代表。

（7）提炼脍炙人口的广告语

“今年过年不收礼，收礼只收脑白金！”

“魅俪康——美丽享当当！”

“男人就要对自己狠一点！”

“鹤舞白沙，我心飞翔！”

“汉婷——爱是如此透明！”

……

这些耳熟能详的广告语可以让大家很容易记忆并产生认同，广告语的作用由此可见一斑！那么，如何才能创造出成功的广告语呢？一般来说，品牌语的成功需要具备以下三个要素：

①品牌语要与产品功能、特点或感性层面保持一致，让消费者产

生一贯性的感觉并认同。

②广告语要采用有特色、容易记忆并上口的语言。任何一个人都不会主动记忆某个广告的内容，只有易读易记的广告语才可能被消费者无意间记住。

③坚持传播。成功的品牌语就像成语一样，当说出这几个字后，消费者马上就会想到其背后包含的意义。如果想做到这一点，就要坚持广泛的传播。

当某一句品牌广告语为大家熟知后，更会成为一种流行，被大家所引用，如相声小品中就常引用大家熟悉的广告语。

(8) 塑造让人愉悦的品牌接触点

品牌与消费者产生接触的环节就是品牌接触点，找出所有的品牌接触点并将其优化，就可以给消费者留下美好的印象，进而使品牌走向成功。反之，不良的品牌接触印象，也会断送一个品牌。

对于食品企业来说，配货车就不能非常肮脏，要保持干净。企业标志的货车长年行驶在路上，一旦被消费者看到，就容易联想起所生产的食品，如果配货车又黑又脏，就会给消费者留下负面印象。这些问题虽然很小，并常被我们忽略，但却可能对品牌带来巨大的影响。

4. 建立自我的渠道模式

我国是一个特殊的国家，地域辽阔，各地的经济水平、消费形态和生活习惯乃至文化观念都存在很大的差异，在市场营销上，每个企业都无法用一套同样的方案来运作全国市场。

在行业中，即使某个行业的市场竞争呈现白热化，但依然会有很多企业在另一个层面上按部就班地生存着。对于大企业来说，空中有强大的媒体推广，地面上有完善的营销网络，和他们比较起来，这些

小企业可以说是微乎其微，但它们依然获得了长足的发展。今天的小企业或许就是明天的大品牌。

可是，在今天的形势下，许多小企业却没有完全醒悟过来，面对大企业大品牌的竞争，它们感到束手无策，总感觉自己无法与之相对抗，缺乏长期的战略规划，一味地追求短期利益的满足；也有一些小企业不甘于现状，很想突破现有的局限，但苦于不知道如何寻找出路，或者缺乏完善的操作层面技术，企业发展迟缓。这时候，建立自我的渠道模式是非常重要的！

（1）策划一个有吸引力的产品招商

企业招商，往往是建立销售渠道的第一步，所以对企业来说，招商的成功，也预示着好的开头，因为接下来的事就好办多了。但很多小企业策划能力有限，不重视招商工作，或者操作不当，本来产品不错，却无人问津。

所以，在确立招商之前，要解决三大问题：一是产品卖点的提炼，二是推广方案的设计，三是相配套的销售政策。只有解决好了这三个问题，企业才能制订出切实可行的招商方案。

在招商策划书中，一定要阐明以下几个要点：一是科学的市场潜力和消费需求预测。二是详细分析经销本产品的赢利点，经销商自身需要投入多少费用？三是要给经销商讲清楚如何操作本产品市场，难题在哪？如何解决？

目前，招商骗局很多，经销商选择厂家合作的时候一般都非常谨慎，所以企业要注意树立自己的品牌意识，要对自己的招商人员进行严格的专业培训，让他们热情而不失分寸地接待好经销商，使用规范的接待用语。

一般来说，比较有想法或者想有所作为的经销商都会注重以下五点：企业的实力、企业营销管理人员的素质、推广方案的可操作性、产品市场需求和潜力、经营该产品的赢利情况。企业在招商策划中一定要引起重视。

招商成功离不开具有轰动效应的招商广告，可是今天媒体上所见的招商广告普遍都存在一种过分夸大和空洞吹嘘的现象，对于小企业来说，倒不如实在一点，干脆将自己的弱点说出来；同时，阐明自己的决心，赢得经销商的重视。有时候，过分夸大市场效果的广告只能引来纯粹的投机商，而实在的广告宣传反而会吸引那些注重商德的经销商。

（2）选择合适的经销商

经销商是企业产品在市场上赖以生存并发展的唯一支柱，由于缺乏经济能力，无论在整体推广还是与渠道经销商的谈判筹码上，都占不了主动权，所以，企业选择合适的经销商并与之合作，就显得尤其重要了。大而强的经销商，必然要求也高；同时，这类经销商经常与大品牌企业合作，所以往往盛气凌人，一般的小企业往往很难控制他们。

企业选择经销商，就像一个人谈恋爱，如果你出身卑微，却喜欢上了一个高贵美丽的小姐，那么你的这段恋爱要么是单相思，要么就会无疾而终。要知道，好的未必一定合适，而渠道伙伴的合适才是最重要的。

（3）选择合适的渠道模式

渠道模式的选择或者规划，是小企业建立销售渠道的一个必然步骤。可是，小企业的品牌知名度、经济实力和市场管理能力一般都比较弱，因而在市场初期最好选择省级总经销制的渠道模式。

企业在建立渠道初期，不必拘泥于过分规范的销售政策，能解决

温饱就可以了，但要事先为今后的发展做好系统规划。

（4）设计可控的渠道结构

渠道结构通常指的是渠道的宽广度、深浅度和长短度。

①宽广度

不仅指企业选择渠道成员的单一性和复合度，还指渠道的多样性，目前多渠道运作的企业很多，比如，IBM 电脑，就采用了代理商、经销商、公司直营和直接销售等。多渠道结构，一般都需要企业具有强大的渠道管理能力，否则，是不适合采用多渠道结构的；同时，由于多渠道结构容易引起经销商的反感，所以小企业很难控制。

②深浅度

主要是指零售终端的多样性，比如，化妆品经销商既可以将产品放到商场超市的专柜销售，也可以进入美容专业线，同时还可以进入医药连锁系统。终端的多样性，可以使产品更有效地渗透进整个市场，达到销售的规模效应。

③长短度

是指从一级经销商到销售终端，中间需要经过几个层级，比如，有的产品需要经过省一级经销商，然后由省经销商批发给二级经销商，之后再由二级经销商将产品分销给终端或者批发给更往下的三级经销商……层级越多，对渠道的管理就越困难，市场信息的反馈也就更缓慢。

（5）对渠道经销商的管理

对渠道成员的管理，是很多企业非常头疼的一个问题。大家都知道渠道需要管理，但究竟怎么管理？管什么？谁去管？很多企业尤其是中小企业都对此比较模糊。

在业内，对经销商的评价流行着这样一种说法——有奶便是娘，

或者唯利是图！说经销商唯利是图不算过，因为任何一个商业团体或者个人，利润总是第一位的，这本无可厚非。可是，说他们有奶便是娘就有点过了！为了建立健康的销售渠道，企业会把经销商当作是整个网络布局中的一枚棋子，如果想背叛就背叛，企业还不得吃不了兜着走？

因此，一旦建立了销售渠道，企业就要安排专门的渠道管理人员，同时，还要对渠道成员进行严格的管理，管理的内容主要包括：经销商的库存情况、资金信用情况、每个产品的销售情况、经销商经营的竞品情况、区域市场整体销售统计、协助经销商或者终端进行促销、公司宣传品的摆放，以及经销商对公司产品的具体反映等。

对经销商的管理不能仅停留在管上，更要让经销商时刻与企业的市场战略保持一致，同时融合企业的文化，管理人员除了日常的市场管理以外，还要适时地对经销商以及经销机构的员工进行产品和市场营销专业知识以及技能方面的培训，使经销商对企业有所依赖，并产生好感。

（6）完善的渠道政策和有效的经销商激励

对经销渠道成员的激励是企业渠道管理中非常重要的一个环节，很多企业销售网络的瘫痪很大程度上就是由于企业渠道政策的不健全或者缺乏有效的激励机制而造成的，比如：福建有一家啤酒企业，曾答应某市的经销商，如果其全年的销量突破5000件，总部就送一辆价值28万元的别克轿车。该经销商经过努力，超额完成了激励指标，可是由于企业换了领导，新领导不承认，使该经销商的奖励成了一张不能兑现的空头支票。这个经销商怀恨在心，预谋了一起涉及4个城市的窜货案，使大半个省的销售网络完全瘫痪，导致企业遭受了重大的损失。

进行渠道激励的时候，一定要与整体的销售政策相配套，并且要充分估计经销商的销售潜力。在设计激励考核体系时，要有适当的宽度，太容易达标的，企业会得不偿失；过分难以实现的，又缺乏实际意义。奖励目标太大，企业划不来；太低廉，吸引不了经销商。所以，制定适合的激励指标和奖励目标是十分重要的。

制定基础指标的时候，可以将该经销商的历史记录和实际的市场销售情况结合起来，进行充分评估，然后再确定，最好是经过双方共同认定的。

（7）有计划地收缩，有步骤地扁平

当企业正常运作了一年或者两年后，市场有了不少起色时，如果有更大的野心，可以采取逐步收缩、逐步扁平的策略。网络刚开始建立的时候，企业的管理能力、经济实力和品牌的知名度都很弱，可以采取省级总经销的模式。

可是，总经销模式对企业控制渠道的能力很有限，尤其是对顾客的服务和市场信息的收集更是如此，所以企业要想树立品牌，要想健康发展，使用这种总经销模式是难以为继的。

今天，大部分省级总经销商已经习惯了做省级老大，因此通常都很难撼动他们的经销地位，要想让他们收缩区域或者让出部分区域，是比较难的，弄得不好反而会影响到网络的安全。

当然，实际操作的时候，需要掌握一定的分寸，尤其要讲究谋略。在发展已有经销商区域的新经销商时，最好不要引起经销商的反感，为了不影响大局，在具体实施之前，就要做好周密的部署，制定完善的事后处置机制。

不管是在信息传播泛滥的今天，还是在信息爆炸的未来，销售渠道将会承担起企业营销更重要的职能，“得渠道者得天下”，这句话虽然有点夸大，但也说明了渠道对企业发展的重要。如果能够从点滴做起，精心编织起一张营销大网，即使是无名的小企业，也能在竞争激烈的市场中占有一席之地，由弱者成为强者。

5. 注重创新，打造核心竞争力

要想让自己的企业在市场中立于不败之地，就要注重创新！

有人说，市场经济的竞争就是产品竞争、技术竞争、人才竞争，归根结底就是创新的竞争，**只有创新才能创造出新的产品，只有创新才能提供新的技术，只有创新才能够使人才成为真正的人才，也只有创新才能够使企业具有真正的核心竞争力。**

温州市开元电气有限公司原本是一个普通的温州企业。但是，就是这样一个企业，却把自主创新放到了首位。

1993 年，温州商人李跃胜在一次偶然的机会旁听了我国高压开关行业专题研讨会。在会上，专家和国内大中型开关企业负责人一致认为，应该抓住国家大力推广环网配电的机遇，自主研发高压负荷开关设备，振兴电力装备工业中的核心产业。

但是，自主研发需要技术、材料等保障，更需要大量资金的支持。面对巨额的研发费用，在场的企业都望而却步。因为，创新有风险，自主创新有着更大的风险，一旦失败，高额的研发费用就有可能打水漂。

这时，李跃胜却站了出来，他说："我来投资，我来干！"李跃胜向专家讨教："自己开发，大概要花多少钱？"专家说："300 万元，未必能搞成。"

当时，李跃胜的资产不过 1000 万元，但是他却没有丝毫犹

豫，而是立即聘请行业专家和技术人员在自己的贸易公司开始了研发工作。李跃胜则每天陪在技术人员的身边，时刻关注着研发的进展。

有些人不理解他的举动，李跃胜却说："人不能总围着自己的鼻尖打转，民营企业首先是我国的企业，如果这事搞成了，我赚多少钱是小，保住了一个国家产业是大。搞不成，我可以从头再来，再去推销机电产品。"

1994 年 10 月，自主开发的第一台压气式负荷开关被送到西安高压电器研究所开始试验。

一天深夜，李跃胜被西安科研攻关组黄工程师的电话吵醒："李总，完了！样机在进行主要参数试验时爆炸了！上百万投入，没了！"黄工程师情绪很激动，他还说科研人员情绪都极为沉重，有的蒙在被子里哭了。

李跃胜一阵心寒，但是他马上冷静下来安慰黄工程师："哭什么！都起来，喝酒去！明天再干！不管花多少钱，我就是倾家荡产也要与他们斗下去！"

第二天，李跃胜就立刻往西安电汇了 50 万元。

"创新就有风险，自主创新有着更大的风险。这需要智慧，更需要勇气。科研人员身上那股与跨国公司拼技术的劲，是我最大的动力来源。"李跃胜说。

1995 年 4 月，在西安国家高压电器检测中心，开元公司自主研发的压气式负荷开关产品，与全球销量第一的意大利 VEI 公司的产品，同时进行了检测验证。从转移电流这一项技术参数看，"开元"产品远远胜于 VEI 产品。

"开元"成功了！从此，国内的 100 多家企业利用这项技术成果转让来生产。

如今，“开元”已经成功开发出了中置式真空断路器等多个系列的新产品，李跃胜自豪地说：“我们主要靠自主研发，现在已有四大类31个系列输变电高新技术产品，获得了5个国家专利。多个系列产品被国家经贸委、国家电力公司列为全国城乡电网、农村电网建设与改造工程的推荐产品。我们这些系列产品大量替代了进口，通过技术扩散，带动国内整个行业打破了跨国公司的市场垄断。作为温州民营企业家，能为国家自主创新做点事，我很高兴！”

一个企业如果没有核心竞争力，就不可能成长为大公司。而核心竞争力的获得，则来自于自主创新。正泰集团董事长南存辉说：“敢于创新，这对一个企业来说就是灵魂。你除了敢于创新、善于创新之外，重要的是你能不能把成功的东西打破。我们认为经验有可能成为负担，企业大了有可能成为一种新危险。过去国有企业手脚都被捆着，你可以放开手脚，甩开膀子干；现在它们也松了绑，而我国加入WTO后，‘狼’又进来了，你还靠过去那些老做法、老方式、老经验，显然已经行不通了，所以必须创新——敢于打倒自己，否定过去，这样的企业才能有发展。”

其实，创新并不是什么难事，创新是一种变化，这种变化也许是一点点的变化，也许是非常小的变化，但创新一旦停止了，企业就不能继续发展了。每个人都有想法，但怎么做很重要，思路决定出路，常规思维只能使企业存活和避开厄运，创造性思维却会使企业繁荣昌盛并获得财富；只有疲软的思想，没有疲软的市场。

6. 建立自我的营销模式

有一家公司主要开发的是节能煤气灶，刚推向市场的时候，没有消费者买。为了打开这个市场，公司想到一个办法：免费送煤气灶，但有一个条件：以后必须用本公司的煤气。这种经营模式的创新，使这家公司赚到不少钱。

1993 年深圳的书店很少，顾客要跑很远的路购买书籍。黄财和从顾客的抱怨中捕捉到了信息，于是拿出 30 多万元买了两辆大巴。他把汽车进行了改装，里面设有书架，在深圳大街小巷流动卖书。

“堂和流动书车”是全国首创，这一新生事物的出现立即引起了社会的广泛关注，也给深圳添上了一抹文化的亮色，是一件给深圳脸上贴金的事情，受到了政府的大力支持。经过发展，书店由最初的两辆车增至 14 辆，到 1997 年黄财和已经成为拥有 600 万元资产的老板了。

黄财和这种卖书的模式打破了传统固定卖书的模式，属于经营模式的创新，这种创新为他带来了商机。**其实，世界上知名的大公司绝大多数都是从小公司发展而来的，他们之所以能够取得成功，与成功的经营模式和创新息息相关。**

当其他的厂家需要店铺来卖产品的时候，安利却开创了无店铺人际传播的形式，实行传销的经营模式。

传统的超市都是将商品销售给大众的，而麦德龙却只卖给会员，实行会员制经营模式。

当其他电脑公司运用代理制来销售电脑的时候，戴尔却将互联网作为了分销渠道。

苹果公司依靠其出色的设计使电子产品复活了。

思科因供应链活动的创新而成名。

英特尔通过与合作伙伴共同建设了加工平台，实现了繁荣。

Google 依靠与搜索结果相关的文字广告而赢利。

沃尔玛依靠巨大的销量成为供应链的主导，借以降低成本。

……

当你买到很便宜的家用打印机时，是否知道后续的各种打印材料费用更多更贵呢？企业用成本价或者低于成本价的价格推广这个产品，目的就是为了销售衍生性的产品。这种方式改变了传统的经营方式，并且把衍生性产品的价格定得很高。当消费者都买了打印机，使用它时，就必须买企业的配套材料——墨盒和纸张等，如果不买这些产品，打印机就是个废品，是一点价值都没有的。

阿里巴巴董事局主席马云，在进入互联网之前是杭州电子工业学院的英语教师。1994 年年底，当马云第一次听到有人跟他提到“互联网”一词时，似懂非懂的他根本没有想到这个词会与自己今后的辉煌联系在一起。

一段时间后，浙江省政府请马云为一家美国高速公路在我国的投资项目担任翻译和顾问。为了完成这项任务，马云在西雅图的一家公司里面做研究。这时，他发现互联网上有关我国的资料十分稀少，他就想把我国企业的资料放上去，看看会怎样。

马云请人给杭州海博翻译社做了一个网页，网页内容十分简单，只有文字。早上 9 点半，他将这个网站通过西雅图把网页发布出去，中午 12 点就收到 4 封邮件。

凭直觉，马云觉得，它肯定会影响整个世界，而我国还没有，但到底会怎么样，谁也说不清楚。他根本就没有想到，网络的发展会那么快，那么猛，没有预料到5年后会发展成这样。

随后，马云和网页设计者签订了合约，要把我国的企业资料放到网页上去，向全世界发布。但价钱很贵，必须在国内向企业收钱，并把企业的资料集中起来，快递到美国，由设计者把网页设计好后向全世界发布。

这就是我国大陆内第一家网上中文商业信息站点——“我国黄页”的诞生历程，同时也是国内最早形成的主页发布的互联网商业模式。

马云每天都要出去跟人家讲互联网络的商业作用，请他们同意付钱并把企业的资料放在互联网上。开始的时候，很多人都把他当作骗子，因为那时我国根本就没有互联网。最后，马云只好把朋友们的公司资料邮寄了过去，免费给他们放在互联网上。嘿！竟然真的有效！

很快，杭州望源宾馆、杭州电视机二厂，还有一个律师事务所，都收到了来自国外的电话或传真，都是客户查阅了他的网页后发出的，马云高兴极了！

但接下来，现实就比较残酷了！马云既没有钱，也没有人相信他。因为这些企业只收到了电话和传真，根本看不到自己的网页，根本不知道载有自己企业资料的网页是何物。

1995年7月，上海首先开通了44K专线，当时杭州还没有专线。为了证明自己并没有骗大家，马云找来一台486电脑，同时请来了电视台记者。他将电视摄像机对准这部电脑，然后从杭州拨长途电话到上海连接互联网，再通过互联网把望湖宾馆的照片和资料从美国传过来……3个半小时后，望湖宾馆的照片终于出来了。虽然资料下载花费了很长的时间，但至少证明他没有骗人。

1997年年底至1999年年初，马云带着“我国黄页”的6个新人加盟到了我国对外贸易经济合作部下属——国际电子商务中心，出任该中心信息部的总经理，运作该中心所属国富通信息技术发展有限公司。

马云和他的团队创办了外经贸部官方站点、我国网上商品交易市场、我国网上技术出口交易会、我国招商、网上广交会和我国外经贸等一系列贸易网站。其中，外经贸部站点成为国内部委中最早上网的政府站点，网上我国商品交易市场是我国政府首次组织的互联网上的大型电子商务实践。当年，就实现了540万元人民币的营业额。

偶然触网就取得成功，可是这件事情没有令马云陶醉。1999年2月，马云到新加坡参加亚洲电子商务大会，讨论的主题是亚洲的电子商务，可大多数的发言者却是美国人。他突然蹦出一个想法，亚洲要有自己的模式，我国要有自己的模式。

马云决定创办一种我国没有、美国也找不到的模式。其实，如果现在来反思上面的案例，就会发现，互联网应用于媒体，诞生了Yahoo；应用于商业零售业，诞生了Amazon；应用于拍卖与易货贸易，诞生了eBay；应用于企业贸易，催生了阿里巴巴……互联网领域中成功的经营模式，无不打着创新经济的烙印。因此，从经营模式上下工夫，创造出一套属于自己的独特的模式，成功的概率是非常大的。

7. 找准自我核心资源，合理整合有效资源

在美国的一个农村，住着一个老头，他有三个儿子。大儿子、

二儿子都在城里工作，小儿子和他在一起，父子俩相依为命。

有一天，一个人找到老头，对他说：“尊敬的老人家，我想把你的小儿子带到城里去工作?”老头气愤地说：“不行，绝对不行，滚!”

这个人说：“如果我在城里给你的儿子找个对象，可以吗?”老头摇摇头，说：“不行，快滚出去吧!”这个人又说：“如果我给你儿子找的对象，也就是你未来的儿媳妇是洛克菲勒的女儿呢?”想了又想，老头终于让这件事打动了。

过了几天，这个人找到了美国首富石油大王洛克菲勒，对他说：“尊敬的洛克菲勒先生，我想给你的女儿找个对象?”洛克菲勒生气地说：“快滚出去吧!”

这个人又说：“如果我给你女儿找的对象，也就是你未来的女婿是世界银行的副总裁，可以吗?”最后，洛克菲勒还是同意了。

又过了几天，这个人找到了世界银行总裁，对他说：“尊敬的总裁先生，你应该马上任命一个副总裁!”总裁先生说：“不可能，这里这么多副总裁，我为什么还要任命一个副总裁呢，而且还是马上?”这个人说：“如果你任命的这个副总裁是洛克菲勒的女婿，可以吗?”总裁先生当然同意了。

能不能把可以利用的资源整合过来为己所用，关键在于你有没有整合的思维。资源整合是系统论的思维方式，就是要通过组织和协调，把企业内部彼此相关但却彼此分离的职能，把企业外部既参与共同的使命又拥有独立经济利益的合作伙伴整合成一个为客户服务的系统，取得“1+1>2”的效果。

蒙牛集团的创立者牛根生，当年创业时也跟很多人一样，缺一少十，可是蒙牛却跑出了火箭一般的速度：他整合工厂，整合政府农村扶贫工程，整合农村信用社资金；没有运输车，就整合个体户投资买车；没有宿舍，就整合政府出地，银行出钱，员工分期贷款。

这样，农民用信用社贷款买牛，蒙牛用品牌担保农民生产出的牛奶包销，蒙牛没花一分钱，却让整个北方地区300万农民都在为他养牛。

从蒙牛的案例可以看出：**任何企业家都不可能拥有世界上所有的资源，你手中可支配的资源总是有限的。想要实现自己的发展目标，就要利用自己手中可占用和支配的资源与他人交换自己所需要的资源，同时让对方也能得到他想要的资源。**这就是资源整合的一个重要法则，也是我们在这里要传达给读者的整合思维模式。

随着经济全球化进程的不断加快，市场竞争愈加激烈，企业犹如逆水行舟，不进则退。当今及未来经济走势已明显趋向于全球化、信息化、网络化、专一化和知识化的“五化”特征，而企业核心竞争力的内涵也在不断丰富与变化。要想转变经济增长方式，提升企业的核心竞争力，必须将整合资源提上议程。事实证明，资源整合能力的强弱，不仅是衡量创业者、企业家能力的主要指标，更直接关系着企业未来的成长发展。

营销大师杰·亚布拉罕说过：“假如只留下一个策略用来经营下半生，那就是——资源整合。”一个企业家的成功概率往往取决于他的整合能力。何为资源整合？简而言之就是，分析我有什么，我缺什么，把我有的资源利益最大化。说到底，资源整合就是借力，善用彼此资源，创造共同利益。

在今天的中国，民营中小企业在市场竞争中常常处于劣势，时刻

有被人整合的危险。中国企业与世界其他国家企业比较起来，最重要的差距是资源整合能力方面的差距。资源整合能力是企业核心竞争力的直接体现，企业能够在多大的范围、多高的层次、多强的密度去组织资源，决定了企业的价值创造能力和发展边界。

资源整合是现代商战中的原子弹，运用好这个核武器便可以产生百分之几百甚至百分之几千的能量，这也是资源整合与其他企业经营策略的最显著区别。

8. 打造自我的赢利模式

随着互联网的兴起，大量互联网企业严重亏损，甚至看不到赚钱的“钱景”，人们对新经济企业赢利模式进行了思索和研究。实际上，不只是新经济需要研究和反思赢利模式，就连那些拥有几百年历史的传统经济和传统产业，每天也仍有大量企业因找不到赢利模式而倒闭，因此赢利模式是每个企业都要思考和研究的问题，没有赢利模式，或者赢利模式不清晰，赢利模式缺乏环境适应性，企业都将面临破产之灾。

赢利模式是企业在市场竞争中逐步形成的，企业要选择一个适合自己的赢利模式。那么，怎样才是成功的赢利模式呢？

各行业宏观和微观经济环境总是处于不断变化中，任何一个单一的特定赢利模式都不可能保证在各种条件下产生出优异的财务结果。在美国埃森哲咨询公司对70家企业的赢利模式所做的研究分析中，没有发现一个始终正确的赢利模式，可是他们发现，成功的赢利模式往往具有以下三个共同的特点：

（1）能提供独特的价值

有时候，这个独特的价值可能是新的思想；而更多的时候，它往往是产品和服务独特性的组合。这种组合要么可以向客户提供额外的价值，要么可以让客户用更低的价格获得同样的利益，或者用同样的价格获得更多的利益。

例如，美国的大型连锁家用器具商场 Home Depot，将低价格、齐全的品种，以及只有在高价专业商店才能得到的专业咨询服务结合起来，作为企业的赢利模式。

（2）难以模仿

企业通过确立自己的与众不同，来建立利润屏障，提高行业的进入门槛，保证利润来源的不受侵犯，比如，对客户的悉心照顾、无与伦比的实施能力等。

比如，直销模式。每个人都知道其是如何运作的，也都知道戴尔公司是此中的翘楚，而且每个商家都可以模仿戴尔的做法，但能不能取得与戴尔相同的业绩，完全是另外一回事。由此可见，好的商业模式是很难被人模仿的。

（3）脚踏实地

脚踏实地就是实事求是，就是把赢利模式建立在对客户行为的准确理解和假定上。比如说，企业要做到量入为出、收支平衡。这个道理看起来似乎不言而喻，可是要想年复一年、日复一日地做到，却并不容易。

现实中，不管是传统企业，还是新型企业，很多企业都不明白这样一些关键性问题：自己的钱从何处赚？为什么客户看中自己企业的产品和服务？有多少客户不能为企业带来利润反而在侵蚀企业的收入？……这种不切实际的“商业模式”，在互联网时代数不胜数。

成功的赢利模式，一般都能突出一个企业不同于其他企业的独特性。这种独特性表现在它怎样界定顾客、界定客户需求和偏好、界定

竞争者、界定产品和服务、界定业务内容吸引客户以创造利润。优秀的赢利模式是丰富和细致的，它的各个部分是互相支持和促进的；改变其中任何一个部分，它都会变成另外一种模式。

本章小结

要想获得赢利，首先就要实现商业模式的创新。商业模式创新作为一种新的创新形态，其重要性已经不亚于技术创新等。

精准的目标顾客定位，就像给我们的客户画一幅素描图像一样，通过这个素描图像，可以去定位客户，可以低成本地找到目标客户。

企业招商，往往是建立销售渠道的第一步，所以对企业来说，招商的成功，也喻示着好的开头，因为接下来的事就好办多了。

资源整合是系统论的思维方式，就是要通过组织和协调，把企业内部彼此相关但却彼此分离的职能，把企业外部既参与共同的使命又拥有独立经济利益的合作伙伴整合成一个为客户服务的系统，取得“1 +1 >2”的效果。

各行业宏观和微观经济环境总是处于不断变化中，任何一个单一的特定赢利模式都不可能保证在各种条件下产生出优异的财务结果。

|第六章|

禁忌与忠告

如果错过互联网，与你擦肩而过的不仅仅是机会，而是整整一个时代。

——8848 老总王俊涛（中国互联网之父）

读懂大环境，把握大趋势

1. 什么是大环境

什么是大环境？在这里主要指的是国内、国外两种市场、两种经济形势。在寻找商业机会的时候，首先要明白自己处于什么样的环境中！

（1）国内外形势——最终决定发展方向和定位。

常言说得好："因势利导、因势而动、乘势而上、顺势而为。"强调的就是周围的形势对事物发展的决定作用——**什么样的形势决定什么样的发展模式和发展方向，什么样的形势决定企业的最终方向和定位！**

金融危机前30年，全球经济分工合作，我国选择了"国际代工"的发展道路，得到了长足发展。2008年金融危机爆发后，世界经济受到严重冲击，各国都在为自己寻找存活之路；就连美国、欧洲之类的发达经济体都在反思传统的、公认的经济理论，并试图摸索出一套新的经济模式，我国自然也是如此。

俗语说得好："一把钥匙开一把锁。"用旧思维和旧理论来分析和解决新环境下的问题，犹如刻舟求剑，要想获得企业的发展就要根据国内外形势和自身的状况来决定！

（2）国际形势——国外市场大幅萎缩，国际资本欲抄底我国随着金融危机和欧债危机的加剧，虚拟经济衰退和实体经济的下滑速度加剧，欧美发达国家的经济体遭遇了就业和民生的冷冬，欧美各国已经清楚地认识到：发展完整经济体系是非常重要的。

因此，美国首先开始了经济转型，他们抛弃了一直标榜的“少而精”的国际化专业分工的产业模式（即美国专门做设计和知识产权，由发展中国家做实体生产加工），转变成了“全而专”的本土全产业链经济。为了发展独立的经济体系，摆脱受制于人（主要是我国）的国外依赖，奥巴马甚至还提出了打造“美国制造”的经济复兴计划。同时，为了保护本土制造业，欧洲其他各国也进一步提高了“自给经济”的依存度。

其实，阻碍欧美发展方式转变的最大威胁就是欧美用30年时间亲自扶持起来的廉价的“中国制造”。从2008年开始，一直到今天，美国和欧洲都通过一系列的手段直接或间接抵制和打击了我国出口，比如，采取干预汇率、抬高国际物质价格、反倾销制裁、运作热钱、限制技术出口、军事威胁、领土争议政治化、人权环保政治化等。

这样做的目的主要有两个：一是为欧美的民族制造业振兴减少竞争，创造发展环境，争取宝贵时间；二是逼迫我国经济和民生下滑，逼迫我国开放国内市场……这样，欧美就可以依靠他们的技术优势和资本优势在多方面参与、主导和控制我国市场了，继而获得更多利益。这种打击，或许会一直持续到欧美形成与虚拟经济同步强大的制造业体系和更多抢占我国市场份额为止。

更为可怕的是：欧美一旦形成制造业优势，必然会进一步形成对全球制造业和核心技术领域的绝对控制，即使我国同步启动了技术升级，可是由于科技和人才水平有限，未来我国企业遭受挤兑的比例还会增加。即使我国另行开辟亚、非、拉等发展中国家的出口市场，也会受到一定的同级竞争、政治矛盾等干扰，而让自己的预期大打折扣。

由此可见，未来我国依靠加工出口贸易为主的发展道路会越来越难。国外资金和技术一旦成功大规模进入我国，其经营成本、产品性能、产品价格的优势就会对我国民族企业（国企、民营）造成巨大的冲击，未来国内经济的竞争就会愈演愈烈。

如果未来我国民族经济质量欠佳，我国市场必然会被大幅掠夺，在国内和国际市场的话语权就会面临重大的挑战。

（3）国内形势——国内经济两难问题凸显，资金和技术成为重大发展瓶颈。

国内经济的问题，主要体现在以下两个方面：

①多年来，我国执行的都是单一的出口导向，大部分产业都集中在了高耗能、高耗材的低端出口加工贸易中。一旦出现金融危机，或者遇到欧美人的打击，我国的海外市场必然会遭受萎缩，这样我国的出口贸易就会以最快的速度降至历史冰点，就会出现大量的产能过剩产品。一旦产品过剩无法消化，大批产业链条就会处于停滞或萎缩状态，沿海地区的实体企业就会面临倒闭、停产或委靡不前的境遇，严重威胁国家的经济安全。

②旺盛的出口顺差，会逐渐加剧外汇储备膨胀和人民币的流动；疯狂的产能透支，会直接诱发能源、原材料、劳务费等价格的上涨。再加上房地产的畸形炒作、输入性通胀和行政监管的缺失，全国物价必然会出现飞涨。一旦出现泛滥的投机行为，社会就会出现动荡。

更严重的是，上面两方面的危害还互为因果，彼此循环，进一步加剧危机恶化，让经济发展和民生拯救呈现两难局面。即使中央实施一系列的应对措施，但几十年来积累起来的经济和社会的系统性危机是不会一下子就得到消除的，产业、民生、物价、信贷、能源、环境等就会出现不和谐，不稳定问题还会持续下去。

（4）未来我国发展方向——发展内生经济和外资大举并购将成为两大主流内容。

具体主要体现在以下几个方面：

①内生经济将是一根救命稻草，均衡发展将成为国家的发展主题

今天，我国正处于产能过剩、产能档次低、产能成本高与产能消化市场萎缩、技术创新受限、国际定价权逐渐丧失的矛盾境遇中，资金和技术有着严重的缺口，既不能立刻扩大市场，也不能马上创新升级，更不能左右国际贸易的价格。

按照当前的形势变化来判断，未来5~10年，我国只能依赖内生经济，逐步减缓出口经济，转身定位国内市场，激活并释放国内消费潜能，依靠国内消费引导我国经济高质量、和谐、可持续发展；同时，借助有条件放开国内市场的契机，合理利用外资投资壮大国内实力，逐步扩张国外市场，最终实现解套和突围。

从客观上来说，转型发展内生经济会倒逼各地政府和企业逐渐放弃以往外向型加工贸易和出口贸易为主的思路，转变出口赢利模式，重点瞄准全国和本地市场，发挥出巨大的作用。

首先，各地政府会真正关注并处理好“改革、发展、稳定”的关系和“速度与质量”的关系，重视产业安全，消除发展瓶颈，正确利用好内资和外资，均衡发展当地一、二、三产业，全力依赖内贸税收。

其次，我国产业（国企、外企、民企）会进入兼并整合期。他们会尽快将以往过剩的产能消化掉，向国内市场转型，从零开始，整合供应链条，投入科技研发，设计物流网络，布设营销渠道，加紧全国布点布局；同时，兼并重组同业产能，最终成为行业龙头。

内生经济的主要推动力见表4。

表 4　　　　　　内生经济的主要推动力

级别	说明
第一级	直接提供最终消费产品的企业（国企、外企、民企）。他们是最迫切、最坚决的群体。从行业角度来分，主要包括：①一直从事国内经济的企业。不仅可以深化传统产业布局，还可以利用品牌和市场优势横向延伸、扩张发展相关产业。②出口转内销产业。他们将加快产能消化和升级，培育品牌和市场，抢占市场份额。③科研单位。他们会加速市场推介，极力促成科研成果的嫁接、转化和应用。④市场运营机构。他们将加速搭建遍布全国的销售网店，比如，批发商城、连锁商场、直营卖场等，与企业以代理、入股、合作、加盟等方式一起开辟市场。⑤物流运输机构。他们将抢先打通遍布全国的物流通道，实现空间布局
政府	各地政府会极力发展关系社会民生和经济可持续发展的关键产业
基础原材料、能源企业和保险、担保企业	随着第一级企业的集聚程度和集聚预期，这类企业会跟随集聚，主要包括：装备制造、钢铁、化工、农产品、石油、银行、保险公司、租赁机构等

②外资大规模进入我国，大举并购我国企业

由于我国未来消费市场的诱惑、我国对资金和技术的极度渴求、外资经济入侵我国的战略策划，从明年或后年开始，外资将全面进入我国资本市场和实体经济领域，增加对我国经济的参与、主导、控制程度。

当前，所有的外资都在观望和等待我国经济的恶化和探底，一旦国际环境和国内形势出现长期恶化苗头，外资定然会倾巢而动，主要表现在：

A. 外资会抄底我国企业，大举收购兼并我国企业，整合改造原企业资源，快速抢占我国市场。

B. 直接在我国投资建厂，布局设点，直接抢占新兴产业和传统产业国内市场份额。

C. 参与我国各地的基础设施建设和社会民生建设。

俗语说："福祸相依。"危险，也是机遇！外资进入我国之后，不仅会带来资金和技术，也能迫使国内企业加快改革创新步伐，有效降低物价；正确利用好本次机遇，必然会给我国企业带来重大发展机遇。只要根据资源供给关系、产业集聚度、经济辐射度、地域交通等因素自发形成新的经济区划，就会引领并带动全国经济的快速发展。

这种现实是我国不得不面对的，这个机遇期也是自20世纪80年代改革开放以来，我国迎来的最大的发展机遇。但不同于新型经济区与目前长三角、珠三角、环渤海、成渝等老经济区。

长三角等经济开发区重视的是GDP的单一出口加工经济区，由于出口市场一致和产品同质化，经济区内存在着重复建设和激烈竞争，实际收益效率并不高；而新型经济区是以提高本区域内社会消费和百姓民生的质量和数量为发展目的，产业门类健全，一、二、三产业建设均衡，经济和民生同步发展；由于市场相对独立和固定，新型经济区之间竞争相对很少，优势企业会更多地关注并提高综合服务效益和服务质量，因此，内生经济的扩张发展、深度发展的意愿和动力必然会更加强劲。

2. 大环境，就是商机的道

市场一直都处于变化中，大环境也会不断地相应变化。环境一旦发生变化，就会产生市场需求，**如果能寻找到市场的变化所在，并且积极响应市场的变化，利用市场的变化做出相应的方案，就能找到商机的"道"！**

高海峰在吉林经营着一家名叫“优活馆”的商店，主要销售的是空气净化器和净水器。他之所以要开这家商店，主要目的是为了帮助大家实现优质生活。高海峰一直都是在大环境里找商机，看到国家大力提倡环保，他就为大家带来了环保产品。

1994 年，已经在吉化工作了 4 年的高海峰，被自己年轻的心说服，决定去外面闯一闯。他的第一站是长春。1996 年，高海峰又从长春踏上了去北京的火车。这次在高海峰心里已经有了模糊的方向，他已经开始渐渐懂得从大环境里找定位了。

在北京，高海峰顺利地进入一家中韩合资企业，主要工作是推销现在被大家普遍接受的 PPR 管。当时，虽然国家已经开始推广这种材料，可是认可的人并不多。高海峰吃了很多闭门羹，很多次都是无功而返。

2001 年，高海峰靠攒下的 2 万元，同朋友一起开办了一家装潢公司。他觉得，当时房地产市场开始繁荣，装潢公司一定会跟着火爆起来。果然，他立足于大环境的眼光为他带来了丰厚的利润，公司业绩蒸蒸日上。

2008 年，由于父母的身体越来越差，在外拼搏多年的高海峰回到了老家。

2011 年，高海峰在网上多次看到国家重视环境保护新闻，他想到了环保理念的商品。于是，高海峰重返北京，通过朋友和我国集控中心的相关负责人取得了联系，将目前国内先进的空气净化器和水净化装置带回了吉林市。

……

机会不是纯粹靠运气发现的，而是通过激发无处不在的警觉品质来发现的。尽管商机有时是偶然发现的，但并不是依靠运气，有些人之所以对商机更加敏感，是因为当事人自身具备不同的知识和个性特质。

机会并非很快被完全发现与利用，一般只被特定的创业者发现。由于市场信息的分散性，局部化的隐性知识不能直接交流，商机被发现的概率是未知的；商机不是机械的最优化搜索结果，尽管有时机会也会被作为协调其他创业者所犯错误的结果而发现。

商业机会是具有商业价值的创意，是一种不明确的市场需求。商机潜伏在市场环境中，是由市场环境变化所创造的，如果了解了经济大环境，自然就能够得到更多的机会。

2002 年 1 月 1 日，欧元在欧盟正式流通，海宁商人在竞争激烈的市场中捕捉到了机会，欧洲有 200 多万人使用了来自我国浙江海宁的钱包。原来，在统一的新欧元流通前，海宁商人就发现新欧元的尺寸与当时使用的货币不同，这个重要的变化信息带来了挣钱的机会。

商机具有一定的时效性，也就是通常所说的“机会窗”——机会的大小，机会存在的时间跨度，机会窗口的长度和宽度决定着创业者进入的时机。随着时间的推移，机会成长的速度就会加快，机会窗开启时，企业就会进入“蓝海”；机会一旦关闭，市场竞争激烈，最好不要进入该领域。

对商机的衡量、判断与评价的重点在于：此机会是否有强劲的市场需求，能否满足顾客的某些需求，能否根植于为顾客创造或价值的产品之中，是否具有市场价值……

通常来说，好的商机至少要具备以下一个或多个特征：需求很大、边际利润很高、技术处于发展初期、市场竞争程度不太强也不太弱、获得资本的成本不太高、进入门槛不太高。如果商机具备了这些条件，

就会使创业者获得高于社会平均利润的平均利润。当机会成本很低的时候，绝大多数的创业者都会把握住这个商机，同时也会想好把握这个机会所需要的资本。

商机不同于一般有利可图的机会，其最突出、最重要的特征是创新，不仅可以使产品、服务、原材料和管理方法发生巨大革新和提高效率，同时还会表现出信息的先有性和独有性。可是，由于信息不对称，并不是所有的人都能同时得到信息。

当一些人先于别人得到信息后，就可以用低于平衡价格的价格得到资源，并重新组合出售，赚取超额利润。这样，有价值的商机就会从众多的创意中脱颖而出，帮助创业者识别商机，筛选好创业项目。

研究发现，社会交往面广、交往对象多样化、与高社会地位个体之间关系密切的人更容易发现创新性更强的机会。创业前所担任过管理职位的多样性越高、经验的行业相关性越强，往往越能收获更优越的新技术，更容易捕捉到机会；相对于经验匮乏的人来说，经验丰富的人更容易从高密度的网络结构发现创新性更强的机会。

今天，国内经济运行正处于筑底企稳的关键时期，但保持经济平稳较快发展的难度要超过以往。从全球环境来看，当前世界经济仍处于危机后的调整期，还没有形成有效的结构调整和推动实体经济增长的全球性力量，国际环境充满了复杂性和不确定性。

而国内经济运行处在寻求新平衡的过程中，是增长阶段转换和寻求新平衡的关键期。一方面是增长动力的转换，原有竞争优势逐渐削弱，新竞争优势尚未完全形成，原有平衡被打破，重新寻找并建立新平衡，经济运行总体比较脆弱；另一方面，内部需求还远没有爆发，靠投资和外需推动的格局没有得到根本改变。

要想抓住商业机会，不仅要求获取与机会相关的有价值信息，还要能解读机会信息的价值与商业含义。企业领导者从人脉关系网络中得到有价值的信息和知识之后，对信息和知识的吸收能力更为重要。

3. 顺势而为，从政策扶持的产业上做文章

真正的改革就是“顺势而为”——顺应大势，而强有力的作为。国人讲顺势而为，重点在于对“势”，也就是大环境的把握，所以**企业也要将自己的发展放到整个环境中去思考，判断自己的现状是否合理、是否“顺势”**。

每年，为了促进经济的发展，为了鼓励各行各业多创成绩，国家通常都会在政策上给予企业一些支持。如果能够对这些扶持政策多想想，也是可以为自己找到商业机会的！

下面，简要罗列了2013年1月各地中小企业扶持政策：

（1）河北省出台九项措施支持企业政策

为了进一步加强河北省企业技术改造，加快工业转型升级步伐，推进工业强省建设，河北省在2013年1月出台了《进一步支持企业技术改造的九项措施》，在专项资金、税收政策、融资、用地、技术创新、公共服务平台建设等方面，强力支持企业技术改造，突出支持“十百千工程”重点企业和县域产业集群龙头企业重大技术改造项目。

《通知》指出，落实河北省、市两级工业企业技术改造专项资金，鼓励有条件的县（市、区）设立技术改造专项资金；用好国家和省现行有关税收优惠政策，包括增值税。一般纳税人购进或者自制机器设备发生的增值税进项税额，可以按规定从销项税额中抵扣。

企业所得税法规定的固定资产加速折旧，购置用于环境保护、节能节水、安全生产等专用设备的投资额可以按一定比例实行税额抵免，研发费用加计扣除所得税，技术转让减免企业所得税，被认定为

高新技术企业的享受企业所得税优惠。

对从事国家鼓励发展的项目所需、国内不能生产的先进设备，在规定范围内免征进口关税。对国内企业为生产国家支持发展的重大技术装备而确有必要进口的关键零部件及原材料，享受进口税收优惠等。

各金融机构要运用银团贷款、联合贷款等方式，创新担保抵押模式，优化信贷管理制度，加大对符合河北省重点产业技术改造投资重点、符合市场准入条件、符合银行信贷原则的企业技术改造信贷支持。

引导和支持企业通过上市融资、融资租赁、股权投资、信托投资，发行企业债券、公司债券、短期融资债券、中期票据、中小企业私募债券等方式融资进行技术改造。

鼓励十大工业基地组建产业发展投资公司、融资租赁公司等投融资机构，加大对基地企业技术改造投资力度；强化用地支持，鼓励企业“零增地”技术改造，对工业企业提高土地利用率和增加容积率利用现有厂区、厂房改造建设不改变用途，且符合规划的，不再增收土地价款，视地方政府财力在征收城市基础设施配套费时给予优惠政策。

推动企业退城入园、搬迁改造，需异地安置的搬迁工业企业，可以采取协议方式提供新的安置用地，按照国家规定的最低出让价收取土地出让金。企业原用地由政府收回后，土地收益可以根据安置企业的需求用于企业搬迁改造。

“十百千工程”技术改造项目纳入“项目用地快速审批通道”，项目用地不受批次限制，可以单独组卷报批，对报批资料齐全的，7个工作日内完成审批。对投资强度大、经济效益好、容积率高的技术改造项目，优先解决用地指标。

突出支持“十百千工程”，优先推荐“十百千工程”重点企业和县域产业集群龙头企业重大技术改造项目申请国家技术改造专项资金、国家中小企业发展专项资金、国家自主创新和高技术产业发展专项、国家节能奖励和资源节约及环境保护等资金支持。

各级技术改造专项资金要给予倾斜支持，省级技改专项资金支持额度不低于全省总量的50%，对百家优势企业每年可支持2个项目，可连续支持2～3年。

（2）广西出台十大新政促进小微企业发展

2013年1月，广西印发了《关于支持小型微型企业发展若干金融财税政策的通知》，通过十大方面的政策帮助小微企业发展。

2011年广西对符合条件的小型微利企业，按20%税率缴纳企业所得税，2012年则在此基础上减半征收。比如，一家符合条件的小型企业，假设其年所得额为3万元，根据优惠政策，只需缴纳企业3000元所得税就可以，实际税收负担只有10%。

今年企业的负担同样减轻，新政策将小型微利企业所享受的所得税征收优惠政策，延长到2015年年底并扩大范围。

新的政策对小微企业给予信贷倾斜，确保小微企业贷款增速高于全部贷款平均增速，增量高于上年同期水平。

对市场前景良好，短期出现资金困难的小微企业不抽贷、不压贷，保持必要资金支持力度。

完善小微企业信贷审批流程，开辟“绿色通道”，提高信贷审批效率。同时，加大对小微企业的财政扶持力度。

在政府采购评审中，对小微企业产品可视不同行业情况给予6%～10%的价格扣除。

鼓励大中型企业与小微企业组成联合体共同参加政府采购，小微企业占联合体份额达到30%以上的，可给予联合体2%～3%的价格扣除。

推进政府采购信用担保试点，鼓励为小微企业参与政府采购提供投标担保、履约担保和融资担保等服务。

新政大力发展委托贷款、承兑汇票、信用证等融资业务，进一步拓宽小微企业融资渠道。

进一步完善对小微企业的贷款利率定价机制，银行业金融机构按照风险可控原则，对有市场、有前景的小微企业贷款，酌情减少利率上浮幅度，对创新型和创业型小微企业可优先予以支持。

（3）新疆扶持300户成长性中小企业

2013年，新疆维吾尔自治区将制定出台《自治区扶持小型微型企业发展的实施意见》，重点培育扶持300户成长性中小企业做大做强。

新疆计划在15个地州（市）组建中小企业综合性服务机构和创业基地，中小企业担保机构担保总额达到200亿元，新认定中小企业公共服务平台10家以上。同时，继续实施银河培训工程，为中小企业提供企业战略管理、市场营销、质量管理和人力资源开发管理等培训服务。

（4）浙江中小微企业健康服务启动

为了切实提高浙江省中小微企业创业者的身心健康水平，促进中小微企业创业创新转型发展，浙江省中小企业局、省卫生厅、省总工会决定，从2013年1月1日起，在浙江省范围内开展“百万企业健康服务直通车”活动。

根据活动方案，将为浙江省中小企业建立9个健康体检养生基地，开通全国服务热线，创立90家企业家健康服务中心（或分中心），开通9条名医院就医绿色通道等。

（5）北京市中小企业专项资金由每年5亿元增至8亿元

2013年，中小企业专项资金由每年5亿元增至8亿元，300万元以下的政府采购项目将优先从小微企业采购。根据《北京市人民政府关于进一步支持小型微型企业发展的意见》（以下简称《发展意见》），北京市小微企业获得的政策扶持将越来越“实惠”。

这一次的《发展意见》将中小企业受扶持的范围进行了明确的界定。预算金额在300万元以下的政府采购，应向小微企业采购；超过300万元的政府采购，同等条件下优先从小微企业采购。

《发展意见》还提出，北京市将设立北京市中小企业发展基金，初期规模为20亿元。此外，为促进中小企业私募债融资，北京市经信委还带头首次对商业、服务业等非工信类中小企业参与创新融资给予2%的贴息支持。

（6）贵州：毕业生贫困地区创业有望获得资金支持

2013年1月17日，贵州省十一届人大常委会第三十三次会议继续审议《贵州省扶贫开发条例（草案）》（以下简称《条例》草案）。

《条例（草案）》提出，鼓励支持大专院校、科研单位、教育、卫生、医疗等机构建立智力扶贫制度，为贫困地区定向培养人才，组织和支持技术人员到贫困地区服务。鼓励组建扶贫志愿者队伍，引进人才到贫困地区创业就业。大、中专毕业生到贫困地区创业的，视为自主创业扶贫对象，在物资、资金、智力等方面给予支持。

《条例（草案）》还提出，财政专项扶贫资金主要使用范围为：

①培育和壮大特色优势产业，支持扶贫对象发展种植业、养殖业、民族手工业和乡村旅游业；承接来料加工订单；使用农业优良品种、采用先进实用农业生产技术等。

②改善农村贫困地区基本生产生活条件，支持修建小型公益性生产设施、小型农村饮水安全配套设施、贫困村村组道路等，支持实施扶贫生态移民、扶贫对象实施危房改造等。

③提高扶贫对象就业和生产能力，对其家庭劳动力接受职业教育、参加实用技术培训给予补助。

④帮扶扶贫对象缓解生产性资金短缺困难，支持贫困地区建立村级发展互助资金，对扶贫贷款实行贴息等。

⑤编制、审核扶贫项目规划，实施和管理财政专项扶贫资金和项目而发生的项目管理费。

⑥支持集团帮扶项目。

⑦支持开展各类扶贫试点或者创建扶贫示范区。

⑧贫困地区或者扶贫对象其他需要扶持的扶贫事项。

（7）福建出台意见支持农民创业园建设

2013 年 1 月，福建省政府出台《关于支持福建农民创业园建设的实施意见》，提出要坚持用工业化理念发展农业、用先进科学技术提升农业、用现代经营方式拓展农业创建福建农民创业园，提升特色优势产业发展水平。

《意见》提出，到 2015 年，福建省选择若干个县（市、区）创建一批省级农民创业园和示范基地。每个创业园围绕粮食、蔬菜等十大重点农业产业，选择 1 ~ 3 个具有特色优势的主导产业。到“十二五”末，主导产业“五新”入户率达 90% 以上，科技进步贡献率达 58% 以上。

重点扶持一批龙头企业，引导组建大型企业集团，延伸农业产业链。到“十二五”末，创业园区内农民年人均纯收入比全县农民年人均纯收入提高 30% 以上，配套完善农民创业园的农业服务体系。

在政策措施方面，扶持农民创业园基础设施建设。实施一系列税费减免，提供用地优惠；加强财政支持，创业园优先享受各项强农惠农富农政策，福建省级财政每年安排每个创业园专项资金 500 万元。

参照台湾农民创业园扶持政策，在省级创业园内的农业企业、农民专业合作社、个体工商户，从事种植和养殖生产的，按农业生产用电标准下浮30%收费。此外，对农民创业园，福建省还将强化融资服务，鼓励品牌创建，激励科技创新。

……

由此可以发现，国家的很多扶持政策都是利国利民的，如果能够从这些扶持的企业入手寻找机会，也不失为一种明智之举！

4. 应了解的国家重点扶持的产业

国家主要扶持哪些产业？想必大家都迫切想知道答案。了解国家扶持项目真的有那么重要吗？答案是肯定。

在创新商业模式的时候，了解国家扶持项目对企业来说是非常关键的。创业者可以通过了解国家对什么项目有支持来寻找适合自己的创业项目，并且了解国家对什么项目有支持还便于找到创业条件更为宽松、发展前景更为广阔、更加有市场保障的项目。那么，现在国家主要扶持什么项目呢？现在我们以2013年为例，加以说明。

(1）战略性新兴产业

战略性新兴产业，主要包括：节能环保、新一代信息技术、生物产业、新能源、新能源汽车、高端装备制造业和新材料七大领域。发展重点方向为：

①节能环保产业

——重点开发推广高效节能技术装备及产品，实现重点领域关键技术突破，逐渐提高能效整体水平。

——加快资源循环利用关键共性技术研发和产业化示范，提高资源综合利用水平和再制造产业化水平。

——示范推广先进的环保技术装备及产品，提升污染防治水平。

——推进市场化节能环保服务体系建设，加快建立以先进技术为支撑的废旧商品回收利用体系，积极推进煤炭清洁利用、海水综合利用。

②新一代信息技术产业

——加快建设宽带、泛在、融合、安全的信息网络基础设施，推动新一代移动通信、下一代互联网核心设备和智能终端的研发及产业化，加快推进三网融合，促进物联网、云计算的研发和示范应用。

——着力发展集成电路、新型显示、高端软件、高端服务器等核心基础产业。

——提升软件服务、网络增值服务等信息服务能力，加快重要基础设施智能化改造。

——大力发展数字虚拟等技术，促进文化创意产业发展。

——支持制造业信息化改造，产品信息化，民爆行业信息化。

③生物产业

——大力发展用于重大疾病防治的生物技术药物、新型疫苗和诊断试剂、化学药物、现代中药等创新药物大品种，提升生物医药产业水平。

——加快先进医疗设备、医用材料等生物医学工程产品的研发和产业化，促进规模化发展。

——着力培育生物育种产业，积极推广绿色农用生物产品，促进生物农业加快发展。

——推进生物制造关键技术开发、示范与应用。

——加快海洋生物技术及产品的研发和产业化。

④高端装备制造产业

——重点发展以干、支线飞机和通用飞机为主的航空设备，做大做强航空产业。

——积极推进空间基础设施建设，促进卫星及其应用产业发展。

——依托客运专线和城市轨道交通重点工程建设，大力发展轨道交通装备。

——面向海洋资源开发，大力发展海洋工程装备。

——强化基础配套能力，积极发展以数字化、柔性化及系统集成技术为核心的智能制造装备。

⑤新能源产业

——积极研发新一代核能技术和先进反应堆，发展核能产业。

——加快太阳能热利用技术推广应用，开拓多元化的太阳能光伏光热发电市场。

——提高风电技术装备水平，有序推进风电规模化发展，加快适应新能源发展的智能电网及运行体系建设。

——因地制宜开发利用生物质能。

——支持太阳能热发电集热系统、太阳能光伏发电系统集成技术开发应用、逆变控制系统开发制造、风电与光伏发电互补系统技术开发与应用、太阳能建筑一体化组件设计与制造、高效太阳能热水器及热水工程、太阳能中高温利用技术开发与设备制造、生物质纤维素乙醇、生物柴油等非粮生物质燃料生产技术开发与应用。

⑥新材料产业

——大力发展稀土功能材料、高性能膜材料、特种玻璃、功能陶瓷、半导体照明材料等新型功能材料。

——积极发展高品质特殊钢、新型合金材料、工程塑料等先进结构材料。

——提升碳纤维、芳纶、超高分子量聚乙烯纤维等高性能纤维及

其复合材料发展水平。

——开展纳米、超导、智能等共性基础材料研究。

⑦新能源汽车产业

——着力突破动力电池、驱动电机和电子控制领域关键核心技术，推进插电式混合动力汽车、纯电动汽车推广应用和产业化。

——开展燃料电池汽车相关前沿技术研发，大力推进高效能、低排放节能汽车发展。

——支持先进变速器及其关键零部件的研制与开发，汽车电子控制系统包括车身总线控制系统、车辆电子稳定控制系统、牵引力控制等系统的研制与开发。

（2）传统产业

我国传统产业主要包括装备制造、钢铁、化工、建材、纺织、食品等行业，国家的重点支持方向：

①装备制造

首先，加快装备工业基础能力提升。

重点支持发展高端泵、阀，高端液压、气动元件及系统，高速精密重载轴承，高端密封件和紧固件以及仪器仪表和自动化控制系统等其他基础产品，提高公共基础能力建设。

其次，重点领域装备振兴。

重点支持发展大功率拖拉机及配套农机具、节能环保中型拖拉机等耕作机械，通用型谷物联合收割机、自走式采棉机、免耕播种机等农业装备；积极研发和使用污水污泥处理、脱硝脱硫、余热余、气循环再利用、环境在线监测仪器仪表等环保装备；高档数控机床与基础制造装备；先进高效节能装备；资源综合利用设备；煤矿瓦斯等安全测设备，重大事故应急救援设备等。

最后，产业装备自主化。

重点支持大型冶金成套设备、大型石化装备、汽车冲压、装焊、涂装、总装四大工艺装备、大中型成套制浆造纸生产线和关键设备、食品加工关键设备及成套、先进食品包装设备、高效率纺纱织造装备及产业用纺织品装备。

②钢铁工业

支持高性能、高质量及升级换代钢材产品技术开发与应用。

支持钢铁与相关产业间形成物流和能流的循环流程，实现资源、能源利用效率最大化，发展新一代钢铁可循环流程工艺技术开发与应用。

③石化工业

支持合成材料单体、高端化工产品、农用化学品、百万吨乙烯等有效能力建设及成套工艺技术产业化。

④建材工业

支持新型绿色建材，重点发展安全环保型外墙外保温材料、轻质节能墙体材料、阻燃隔热防水密封材料、绝热降噪材料、环保型装饰装修材料以及部品化的节能门窗、节能墙体和节能屋面等。

支持无机非金属新材料，重点支持高纯、超细、改性等精细加工的高岭土、石墨、硅藻土、耐火黏土、无机矿物纤维，低成本高性能玻璃纤维、多功能陶瓷及脱硝催化剂、摩擦密封材料，超薄屏显基板玻璃、低辐射镀膜玻璃及制品、航空航天等领域所需的特种玻璃材料及制品。

⑤医药工业

支持疫苗、血液制品、无菌制剂和基本药物、品种生产企业 GMP 改造，化学药、中药、生物制品、医疗器械领域新产品等医药有效产

能建设。

支持拥有自主知识产权的新药、天然药物、新型计划生育药物开发和生产，支持药物生产过程中膜分离、超临界萃取、新型结晶、酶促合成、生物转化、自控等技术开发与应用。

⑥纺织工业

支持针织、服装和家纺等量大面广、关系民生、基础较好的消费品领域，尤其是拥有一定基础的自主品牌产品能力建设，提升自主品牌价值和竞争力。

支持高新技术纤维及应用产业化和产业用纺织品。

⑦轻工、食品工业

支持家用电器、照明电器、皮革、塑料、家具、五金制品、食品、优质植物油、畜禽屠宰加工及综合利用等量大面广、关系民生、基础较好的消费品领域，尤其是拥有一定基础的自主品牌产品能力建设，提升自主品牌价值和竞争力。

支持造纸、皮革、电池、塑料、日用玻璃、陶瓷及食品行业节能减排综合利用。支持食品企业诚信信息平台建设和质量安全检测技术中心建设。

……

了解了国家重点扶持的产业，定然会让你收获颇丰！

危险的不是社会在变，而是思维不变

在我国企业发展中，难点是什么？资金、人才、地点、政策、创意、产品、卖点等？其实，最难做到的是改变思维模式。如果社会发生了变化，而你的思维依然保持在原有的水平，是非常可怕的！

以餐饮企业为例，统计表明，国内餐饮企业平均寿命由15年前的2.9年，下降为2.3年。这个数据，应该引起业内人士的警醒。寿命缩短了，利润肯定会随之下降。同时，麦当劳公司2012年业绩显示，预计全年营业收入286.8亿美元，净利润为55.6亿美元，利润水平较2011年同期增长9%。

为什么我国企业管理寿命不断缩短？个中缘由见仁见智。实践告诉我们，最根本的原因就在于，我国企业管理投资者和高管的思维模式固化。

企业或者企业家必须改变新的模式！一个人的思维模式不仅决定着我们如何认可这个世界，还对一个人的判断起着决定性的作用。同样一件事情，用两种不同的模式去看待，会出现两种截然不同的结果。成功人士往往会用过去成功的经验指导今天或者是未来的决策，在我们身边，企业家甚至是个人由于不能改变思维的模式，最终导致失败的例子比比皆是。

企业和企业家，尤其是我国的民营企业家，要在苦难中学习成长。做企业就像是养育孩子一样，在企业的发展过程中，一定会遇到很多苦难。如果企业经历一次危机就倒下了，怎么做强做大？企业家精神的最高境界就是危机经营能力。

企业必须改变新的模式！在成长过程中，一个人会受成长环境生活背景生活经历的影响，慢慢形成一种思维的模式。心理学家研究表明，要想改变一个人的生存模式是非常困难的，但是不是不可能，关键是有一种空悲心态。

成功人士往往会用过去成功的经验指导今天或者是未来的决策。

IBM是个电脑制造业，一直以来都认为，只要把硬件做好就可以了，这才是重要的。至于软件操作系统，那不是我们大公司做的。结

果他们就把这个操作系统给了比尔·盖茨。如果IBM公司当初新出来的模式不是这样的，一个操作系统和一个大的硬件结合在一起，电脑行业的竞争肯定比现在难得多。

美国柯达公司，在20世纪90年代末数码相机技术刚刚出来的时候，柯达跑到我国来找到朱总并购了我国的企业；可是，若干年后，当明白过来的时候，已经来不及了。在这样一个剧烈变革的大时代，经验是最不可靠的，企业必须与时俱进的调整模式！把10年前的成功用在今天或者未来，早晚要失败。因为企业生存的环境太不确定了。

今天，我国企业在困境中之所以很难获得成长，其中的一个重要原因就是我们的惯性思维非常僵化！面对越来越多涌入我国的外资企业和越发激烈的国际竞争，守住阵地和走出国门，对我国企业来说，似乎都是非常困难的。

我国企业正处于一个成长的困境，对于我国企业来说，怎样才能在未来继续成长，成为了一个问题。有企业认为，下一步的成长在于国际化，参与国际竞争。但就目前来看，真正达到跨国企业标准的我国企业几乎没有。

很多企业认为，我国企业的优势在于廉价劳动力和极强的制造能力，但利用我国廉价劳动力和贴上国外品牌就能完成企业下一步的成长吗？2005年，日本索尼公司几乎轰然倒地。之后，公司起用了一位来自英国的首席执行官。公司表示，索尼不缺资金、不缺技术、不缺人才，缺少的就是"解放思想"，"日本文化的僵化思维无助于问题的解决"。

而我国企业是什么样的思维呢？

根据对我国市场的调查，我国的手机市场高端手机占18%，中端手机占68%，低端手机占14%，也就是说，中、低端手机占有率高达

82%。按照我国企业的思维，如果要切入手机市场，一定会选择82%的市场，因为这块市场最大、最有潜力、最具有成长性，在这种思维的驱使下，所有的企业都生产中、低端产品，全部拥挤在这一块市场上。

和日本文化一样，中华文化也存在僵化思维，而这种思维在企业能否健康成长中却扮演了重要角色。企业要具备成长性发展，必须放弃僵化的思维。

其实，包括服装业在内的很多行业，都具有这样的特点：传统产业、产品同质性高、技术壁垒不高。企业要利用品牌战略和技术创新来突破这个困境。

在我国，江浙两省集中了相当数量的优秀纺织服装企业，这些企业不但基本实现了资本化、电子化、科技化，成为现代化企业，而且也把品牌战略作为企业成长的指导思想。然而，却没有一家企业的产品可以像ZARA一样，席卷这个区域，甚至是全国最重要的城市。

事实上，在这些品牌进入我国之前，很少有人听说过它们，甚至西班牙的纺织业还要比我国落后，究竟是什么原因使ZARA在我国一炮走红呢？

在我国服装业的其他领域也出现了同样的问题。

在我国的运动品牌市场中，随着耐克、阿迪达斯等国际品牌的步步紧逼，以李宁公司为代表的国产品牌的生存环境并不十分乐观。事实上，耐克的产品尤其是运动鞋，很多都是在东莞制造的，所谓的运动鞋技术我国企业都有所掌握，科技水平是一样，然而在我国，耐克却比国产品牌的市场占有率大得多。

目前，已经有越来越多的国际企业进入我国，它们从生产、物流、销售，形成了一条完整的、国际化的产业链，可是我国的很多企业却还只强调生产，赚取微薄的加工利润。一旦被并入到这条由国际企业主导的产业链中，成为它们的工厂，只能接受外资企业享受利润而我国企业被淘汰出局的结果。

只有打破过去的传统思维去逆向思考，也许会发现道路更为宽广。今天，我国企业的成长困境，正在于思想的困境，企业还停留在金字塔的下面两层，以及其他一些被认为是“理所当然”的层面上，而这在未来并不是最重要的。

企业要为产品赋予精神，被赋予精神后的品牌才有基础，这都需要企业摆脱僵化的思维。虽然这是我国企业普遍缺乏的，但它可能是一个企业充满成长活力的保证。

顺时、创新——挖掘绝对商机的根本

蒙牛集团，自成立以来就致力于创新科技，立志打造满足不同消费者营养需求的健康产品。

“好品质，绿生活”是蒙牛一贯坚持的理念，发力科技创新是蒙牛一贯的战略重点。多年以来，蒙牛通过最大化的吸收创新人才，创新技术，不断开发出各种新型的奶品，全面服务于消费者的身体健康。

资料显示，蒙牛已经投资12亿元建成了世界领先水平的“高科技研究院暨高智能化生产基地”，形成了一条富有技术力量的完整研发产业链。面对更加开放化的市场竞争环境，蒙牛积极调整创新策略，整合世界先进技术为我国所用，在巴黎和日本等地建立海外科研工作站等。此外，蒙牛集团还与内蒙古农业大学等高校签署了产学研合作协议，加快创新成果转化为生产力。

目前蒙牛已经开创了包括液奶、冰激凌、奶粉、奶品、奶酪在内的五大品类400多个品项，开启了乳品消费从数量满足到对质量和品质的新追求；从特仑苏引发高端奶市场、未来星引发专业奶风潮、真果粒引领产品多样性以及冠益乳开辟的酸奶双功能等，蒙牛正在不断推动着产业升级，引导乳品消费进入多样化和个性化时代。

现在蒙牛已构建了包括五大类400多个品项的全方位、立体化产品矩阵，不仅开创了高端奶品类，更是在儿童奶、冰激凌等领域积极做出实践。蒙牛针对女性营养健康而推出的新养道珍养牛奶，针对宝宝特定的营养需求推出的欧世蒙牛系列婴儿配方奶粉，国内首款提升抵抗力的牛奶饮品益优特，以及活菌型乳酸菌乳饮料优益C等产品，均以卓越的产品质量和丰富的营养价值赢得了广大消费者的青睐。

成功的经验不可复制，但创新的思想可以推而广之。创新，既是蒙牛在产品同质化时代走得更远的动力源泉，也是我国乳业走向世界的必然选择。

在激烈的市场竞争中，企业面临着许多环境条件随机变化的情况，由于条件的改变，企业将面临新的挑战与机会，企业的竞争地位会受到巨大的威胁，也会因此使员工丧失使命感而使企业的凝聚力被削弱。

同时，将给企业的创新带来机遇，一方面是市场向着本企业发展战略所设定的方向发展，或者是激发企业原来潜在的创新活力，为企业的发展带来各种商机；另一方面是由于员工在市场压力的条件下迸发出创新的欲望和激情，或者是环境变化给企业员工的创新带来新的机会。这内外两方面的创新机遇将为企业进一步发展和跃迁产生可能性。因此，企业把握创新机遇，预测成功率，对于制定创新企业的经营战略和部署是关键的环节。

创新是社会发展的动力，更是企业实现发展的根本。谈到创新，

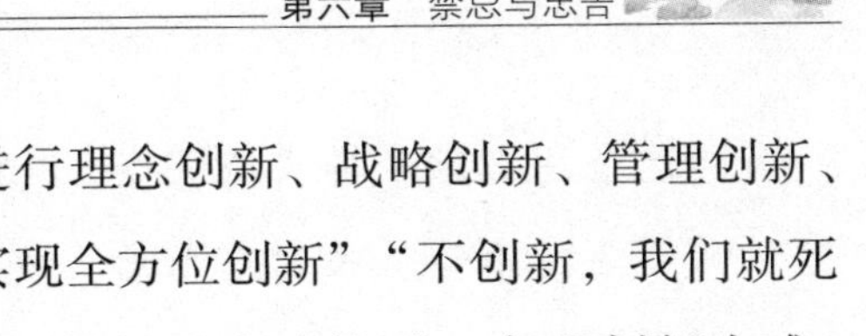

企业家就会滔滔不绝，“我们要进行理念创新、战略创新、管理创新、产品创新、技术创新”“我们要实现全方位创新”“不创新，我们就死路一条”等。同时，他们也会抱怨创新型人才缺乏，实现创新太难。其实，企业没有明确的创新方向和重点，缺少对创新目的、方法的学习了解，是导致企业家认为创新难的主要原因。

在很多企业的老板和营销人士眼中，冰箱还是冰箱，西瓜还是西瓜，除此之外还是什么呢？法国学者查铁尔说：“你在做事时如果只有一个主意，这个主意是最危险的。”**打破思维惯性，是实现新增长的关键所在。**

当初毛主席说“星星之火，可以燎原”，本来是针对当时的革命形势而言，后来被当作一个放之四海而皆准的真理广泛传播。在今天，这句话借用到企业经营方面，则可以引申为“创新之火，可以燎原。”

在许多企业中，不管是最活跃、最善于寻找机会的 IT 小公司，还是只有七八个人的企业，抑或是拥有 1 万人的大企业，都有发展好的，也有发展不好的，为什么呢？最主要原因之一就是管理者缺少创新的气魄，没有挖掘到商机，白白将机会浪费掉了。

用眼睛看，更要用心去想

作为一个商人，首先必须考虑的问题是做生意怎样才能赚到钱。犹太人是世界上优秀的商人，他们具有一般人所没有的商业敏感，能够从别人容易忽略的地方发现属于自己的商业机会，创造财富。

在太平洋上的一座岛屿住着一些人，法国和以色列的两个皮鞋公司都想在这里开辟新市场。于是他们各自派了一名推销员，到这个岛上做市场实地调查。

法国推销员来到岛上后，发现岛上的居民都没有穿鞋，打着赤脚在路上行走，这让他非常失望，第二天推销员就向公司经理发了一封电报：“在这座岛上没有人穿鞋，市场潜力不大。”接着，他就乘班机离开了该岛。

以色列公司的推销员来到这座岛上之后，看到岛上居民都光着脚异常兴奋，认为这里的皮鞋市场潜力可观。上岛后的第二天，他就向公司经理发去了一封充满信心的电报：“岛上没有人穿鞋，市场潜力很大，我将驻在此地。”

不可否认，以色列的推销员具有敏锐的市场洞察力，能够从“无”中看出“有”来，认为不穿鞋的人可以改变习惯，正因为岛上居民原来不穿鞋，没有鞋子的储备，改变习惯后，鞋子的需求量将会很可观。为了开拓这个新市场，他决意留在该岛。后来果如其愿，在他的精心策划下，岛上居民对鞋子慢慢有了兴趣，买鞋的人越来越多，以色列皮鞋公司财源滚滚而来。

由此，我们可以得到一些启示：**会做生意的人常常是那些能够从“无”中看出“有”来的人，做生意的人需要一双捕捉信息的眼睛。**

1990年，朱国一第一次从中国台湾来到大陆。当时，他在深圳一家企业做车间主任，两年后在东莞投资设厂生产帐篷。朱国一说，开始他只是打算做帐篷产品。

1996年，朱国一参加德国展销会时发现，全场百来家展销摊位里，跳床只有一家。那家厂家是美国的，当时朱国一就想，这是独家生意，有市场。不过让朱国一真正触动的是在他从法兰克福坐火车到科隆的路上看到的情景。当时，朱国一在火车上，看

到路边不少院子都有跳床设备，而且小孩都玩得很开心，于是便决定要开发国内跳床。

来台山玩了几天，朱国一就决定在这里设厂做跳床。从1996年开始，朱国一从台城一个处于停业状态的电风扇工厂开始建造跳床生产线，到如今，生产的跳床成为标杆，占领了欧美跳床市场40%的份额。他所成立的台山志高兴五金塑料有限公司也是江门地区唯一生产跳床的企业。

无独有偶！

洛克是一名犹太大富翁，平时生意上的事情多，工作显得十分紧张。有一次，为了放松一下，洛克决定去日本度假，当他把工作托付给助手后，就动身来到了日本。

此时的日本正值盛夏，天气炎热，洛克不想待在空调房里，便去爬富士山。富士山山顶终年积雪不化，异常寒冷，而半山腰则凉爽宜人，空气特别新鲜。

洛克来到富士山的半山腰，刚吸了几口这里的新鲜空气，身上的疲劳就消失得无影无踪，他忍不住赞道："空气多么新鲜啊，完全没有污染，是纯。"说着，洛克心里便冒出了这样一个想法：我为什么不把富士山的空气拿回去卖呢？

洛克推测会有这样一些人来购买自己的产品：那些在城市里居住，每天呼吸污染了的空气的人一定会喜欢新鲜、自然的空气；那些久病初愈的病人，肯定也需要这种新鲜、自然空气的滋润；那些对富士山的大名早有耳闻，但无缘亲自前来观光，或者来过富士山，对富士山的景色和空气留有非常美好的深刻印象，但不可能长期待在富士山享受这里的自然、新鲜空气的人也可能会掏钱买；另外，讲究营养保健的老人和正在长身体、长智力的儿童也会对它情有独钟的。

洛克经过这么一番分析，信心倍增，马上请来了一个这方面的专家，让他在这里提取空气样本进行研究、测试，然后拟出一份富士山空气对人体有哪些好处的科学分析数据报告。

洛克马不停蹄地申办了执照等开业手续，在富士山半山腰开办了一家名叫“富士空气罐头厂”的工厂。洛克的新产品很有特色，用既便宜漂亮的包装材料做成罐头盒，外面印上富士山美丽的风景，里面充满新鲜、自然的富士山空气。

洛克的新产品瞄准了那些在空气污染严重的大城市中生活的人，推销的成功率相当高。再加上价格便宜，所以很快就打开了日本的市场。洛克并没有就此满足，他还把“富士空气罐头”出口到美国、欧洲和赤道国家，广受欢迎。

洛克备受鼓舞，把空气生意做得越来越大，罐装的空气不仅仅是富士山上的了，逐步扩大到阿尔卑斯山上的空气、著名雪峰上的空气、浩渺湖面上的清新空气、原始森林中的空气，既为自己赚取了可观的利润，又满足了社会的需要。

商机无处不在，只要多看、多想，就能发现市场商机！成功的商人都善于从简单的商机中看出它所包含的复杂内容，并用立体全方位的手段去利用它们。要想挖掘这种商机，就要努力培养市场调研的习惯，多听、多想、多看，从而增强发现机会的可能性和概率。

培养预见力，没有预见力就没有商机

预见力是对未知事实，尚未发现的新事实加以预告，它发生在事

实被发现之前，它具有“先知”的性质。预见力也是对事物发展变化的趋势作出推断和预测的能力！**生存的着眼点，不是事物短期的发展而是事物的中长期发展，企业生存要求有生存预见力。**

信息产业界都知道，比尔·盖茨从来都不是专业技术的领先者，可是他最终却成了世界首富，而并非其他的技术专家。长期以来，微软一直都被持反对意见的人叫作贪得无厌的剽窃者，但这也正是盖茨伟大所在。

盖茨从来不放过任何一个可以利用的商机，这一点使他与以往的商业巨子有了很大的差别：从前的巨子们的威力通常集中在某一行业里，但是盖茨却借助软件的影响，把触须伸到了我们生活的方方面面。

在微软自己出的百科全书《英卡塔》中，对“盖茨”这一词条的解释是：“盖茨的大部分成就，在于他有能力将科技的远景转化为市场策略，把对科技的敏锐和创造性融合在一起。”在足以令人窒息的吹捧和诽谤背后，盖茨仍然是一个凡人。只不过是智慧超人，有着超凡的经营远见和超强的好胜心，以及迫不及待抓住一切机会的科技精英。

盖茨得以成为信息产业的代言人，并不是由于他的创新能力，也不是由于他的知识占有，而是由于他超乎常人的市场直觉、经营手法以及杰出的推销能力。这也是风险投资家所具备的良好的素质，盖茨虽然不算是一位严格意义上的风险投资家，但是他无意中具备了风险投资家所具备的最起码素质。

善于捕捉商机，并利用凶悍与霸道的经营手法将对手赶尽杀绝，使别人几乎无处容身，这是盖茨惯用的伎俩。他以高人一筹的市场远见与不凡的经营策略，成功地占领了信息产业的制高点。业界人士只能无奈地表达他们的痛苦：“最好的市场就是没有比尔·盖茨的市场。

可惜，在信息产业界，他的阴影无处不在。”

研究发现，许许多多成功人士都有一个共同特征，那就是他们对发生于周围的一切事都保持积极性的预见力。世界上最有名的理财大师约翰坦普尔曼爵士，也是靠超人的预见力赚钱的。他专门从事于跨国投资，过去50年里的赚钱本领可说放眼世界无人能敌。目前交给他最高理财金额的客户是10亿美元。

到底是什么因素使得坦普尔曼成为当今最有名的理财大师之一？当有人问他这个问题时，他毫不犹豫地说：“因为我拥有能估算出任何投资的实际价值的能力。”他这方面的能力极为准确。

当前世界经济形势异常复杂，一个企业如果不能适应其快速变化，最终只能是穷途末路的命运。企业要想在瞬息万变的市场竞争中立于不败之地，不仅要有独一无二的核心竞争力，还要有敏锐的洞察力和预见力。

企业领导人是企业的舵手，企业这艘大船怎么行驶，全靠领导人的科学预见力来指明方向。在世界企业史上，有两个企业家的预见力，首屈一指。一个日本索尼公司的盛田昭夫，另一个是美国通用电气的韦尔奇。这两个人凭借其自身惊人的预见力，创造了两个公司划时代的辉煌局面。

晶体管收音机，是索尼公司1955年生产出来的第一件产品。尽管晶体管是美国“贝尔实验室”第一个发明的，又是美国“西部电子公司”第一个生产出来的，但美国人看不出这玩意儿有多大的用途，所以根本就没有厂家问津。

可是，盛田昭夫却以独到的眼光说服日本政府的科技部门，并且从父亲那里借来了在当时如同天文数字般的20000美元。直到盛田昭夫把晶体管技术买到手后，日本国内仍没有理解晶体管的意义，觉得

盛田昭夫简直是他们家族的败家子！

然而，当“索尼公司”1957年推出了便携式收音机风靡世界后，日本和美国的众商家们才恍然大悟，但市场已经被“索尼”占先了。

继收音机之后，“索尼公司”先后推出了许多“第一”：第一台8英寸电视机、第一台录音机……“索尼”的技术和产品以及市场使“日本制造”的含义发生了根本性的变化：“日本制造”意味着好产品、好质量、好的服务，使“日本制造”的产品从廉价的形象飞跃到“高质量”的地位。

实际上，“索尼”这个名字就是盛田昭夫创造力和预见力的最佳体现。当他考虑要为“东京电讯公司”重新起个名字的时候，他就想到重要的一点：起一个在任何地方、任何时候都叫得响的公司名称。这个公司品牌名字必须看一眼、听一耳朵就能让人想到公司和品牌有创造力，简短、顺口但又绝对让人不容易忘记。

两位创始人一连几天扎在图书馆里，他们最终发现了一个拉丁单词“Sonus”，这在拉丁文中是“声音”的意思，另一个单词“Sonny”是美国年轻人当时非常时髦的口头禅。盛田昭夫和他的合作伙伴大喜过望，把两个单词合起成“Sony”，意味着一个由年轻人组成的生机勃勃的公司。1963年盛田昭夫举家迁到美国时，“索尼”真正向全球化发展。

正因为这次举家搬迁，盛田昭夫才有机会了解美国人，了解美国人的市场，了解他们的消费习惯和各种规定。把公司的业务发展到海外，走向全球。

对于当时的日本商人来说，确实需要勇气和非凡的超前意识。如果没有这种胆识，盛田昭夫是不可能成功的，也就没有了今天的“索尼”。盛田昭夫把“索尼公司”的办公地点设在了曼哈顿第五大街一套大大的公寓里。每个星期，他都举办许多社交活动和晚会，这就为“索尼”公司建立了一个稳定有价值的顾客网络。

后来，盛田昭夫一辈子都保留了这个习惯。

有句名言：你能看多远，你就能走多远。在新事实发现之前，理论或经验告诉我们有关它们的信息的能力，不仅包括预见信息的多少，还包括其准确度等。互联网时代，若想抓住更多的商业机会，就要不断培养自己的预见力！

记住，明天的利润才是真正的利润

今天，德鲁克的这句名言已成为商界的“醒世恒言”——“企业的目的只有一个正确而有效的定义，那就是创造顾客！”围绕着这一基本理念，无数管理学者尝试着做出各种解释。管理咨询行业出身的学者亚德里安·斯莱沃斯基，进一步延伸了德鲁克的理念。

20世纪90年代，他在与同事合著的《发现利润区》一书中提出，企业设计中的客户选择不仅要选择今天的客户，更要寻找和塑造未来的客户。这一观念振聋发聩，代表了商业的潮流，为企业的战略者通向成功的彼岸提供了正确的判断依据。

在面临全球化挑战的今天，技术的不断进步和资本的大量涌入降低了许多行业的进入壁垒和经营成本。对很多企业来说，很难再像以前那样容易固守一个稳定的利润区。昨天的利润区很快就变成了明日黄花，企业必须时刻寻找并保护明天的利润区。因此，仅仅固守今天的客户，往往会陷入进退失据的境地。企业管理者要高度重视未来的客户，因为他们的需求集成就是企业明天的利润区所在。

这一点说起来简单做起来难，现实中，很多企业往往更在意喜欢

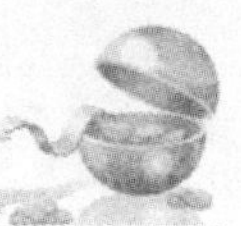

自己的客户和客户中的先锋，而不恰当地忽略了那些需求最甚、对明天最有见解的客户。那么，企业应当如何寻找未来的客户？

优秀企业的做法是从产业利润池的角度来寻找未来的客户。所谓利润池，就是某行业在行业价值链上的各个环节所赚取的利润总和。通过描绘和完善利润池，不仅能够弄清决定本行业利润分布的情况，以及与之相关的经济和竞争因素；还可以借此了解本行业的基本结构，从产业的角度发现顾客新的需求，开创新的赢利业务；或者转移、延伸企业的现有业务，占据产业价值链中利润较高的部分。

这也是斯莱沃斯基主张的需求创新规则中最重要的一条，把“从产品的角度看待你的业务到从经济的角度研究你的客户”。**企业要从产品角度看待业务，想办法将产品和服务卖给客户。**

从经济角度研究客户实际上是用产业化、全局系统化的新思维方式，需要衡量价值链中各项业务利润的高低，择机转移延伸。同时，考虑的焦点不仅是把产品如何卖给客户，还包括客户如何更方便地使用产品，需要什么相关的配套服务，从而从客户的配套需求中发现产业链中尚未被发现的利润区。

例如，在汽车产业，60%的销售额是由汽车制造商和销售商控制的。但从利润的角度来说，制造和销售的利润却相对较薄。价值链上最赢利的一环是汽车租赁，其他的一些相关的金融服务产品所获得的利润回报也超过了该行业的平均水平。

如果继续研究其他的配套服务，会发现，在汽车的价值链上还包括二手车销售、汽车美容等各种已知的或者尚待发现的新活动，这些可能就是给企业带来丰厚利益的未来利润区。

运用产业利润池的分析方法，美国的迪士尼公司不停地开拓自己的利润区。他们通过对客户配套需求的认真分析发现，利润区就处于电影的衍生产品中。接着，他们就花费一两年时间打造了一个关键产品——一部全球知名的儿童电影。在接下来的两三年里，不断挖掘与之有关的电影、电视、音乐等。

在迪士尼乐园，孩子们不仅可以看到影片中吸引他们的道具，还可以参与其中的拍摄情节，购买喜欢的偶像玩具，还有服装饰物。迪士尼乐园是迪士尼出品电影产品的延续放大的最终空间。

当然，如果要实现从不断减少的商机中勉强维持利润，到开拓一个比传统的市场空间大五到十倍的新领域，利用产业利润池分析只是方法的一种。这样的方法还有很多，如嫁接思维，这种方式也可以改变企业管理者的思维方式，实现需求创新，为获得未来的客户提供一种威力巨大的武器。诚如奈德赫曼所言："如果你只想发生小小的改变，那你只需改变人们的行为方式；如果你希望带来成倍的改变，那你就必须改变人们的思维模式!"

摩托罗拉 V70，这一款曾经风靡全球的手机，就是嫁接思维成功的明显例证。摩托罗拉当初设计时，外观都是翻盖手机，后来诺基亚的直板手机赶超上来，摩托罗拉陷入困局。最后，摩托罗拉打破了自己的思想囹圄，请来苹果电脑的高级设计师，像设计电脑一样设计手机。终于，摩托罗拉 V70 出世了，结果异常轰动。设计师从苹果电脑的设计元素中获得灵感，重新引领了手机潮流。

不仅如此，在 IT、房地产等众多领域，由嫁接思维导致的成功案例不胜枚举，如手机上设置英语学习机功能，普通糖果添加保健品的元素……最后都为企业贡献了巨大的利润。

从策略角度拉私活，嫁接是整合思维的结果，能创造全新的产品、经营模式和市场，塑造全新的企业、项目形象，增强项目和产品的吸引力，体现企业的竞争力。

在亚德里安·斯莱沃斯基关于利润区的理论中，还有重要的一点是“从担心边缘业务的增长会蚕食基础业务到建立可以加强和改进基础业务增长的新模式。”这个观点比较隐晦，通俗来说，就是要在细分市场中做到专业化。

企业进行市场细分的目的是通过对顾客需求差异予以定位，来取得较大的经济效益。它的核心理念就是精耕面向一个特定的有清晰特征的族群，而这个族群恰恰是某些商品与品牌的主力或重度消费群。

分众传媒的第一支在美国上市的我国广告传媒股，他们把目光瞄准了传统媒体所不能充分覆盖的中高收入人群，把自己定位于面向中高收入人群的新媒体。仅仅用了两年半的时间，就打造出一个遍布国内 40 多个城市的楼宇电视广告网络。他们的成功之处在于抓住市场细分化、产品细分化，由此带来了媒体的细分化趋势。

同样，为什么星巴克能够成功？在美国，每间咖啡馆都卖咖啡，还出售汉堡、热狗、法式小炒、苹果派、甜甜圈。只有主营咖啡的星巴克，在对顾客进行细分的基础上，将咖啡产品的生产进行了系列化和组合化，根据不同的口味提供了不同的产品，实现了一种“专门定制式”的“一对一”服务，把生意做到了全球。

产业利润池分析、嫁接、细分专业化，是“塑造未来的客户”、发现明天利润区的三种主要思维。当众多企业高擎以客户为中心的旗帜，呐喊着抢占价值高的市场份额，他们的热情往往是让口号仅仅停留在口号上，在挖掘实际利润的潜力时却陷入四顾茫然的可悲境地。

可是斯莱沃斯基在观察大量公司案例的基础上，归纳出了重要的实用性战略思维，为茫然的企业家们提供了一系列塑造未来客户的理念。

本章小结

在互联网时代，要想充分利用自身的优势，抓住机会，就要读懂经济发展的大环境，把握大趋势，只有做到心中有数，才能发挥自己的优势，获得发展！

市场一直都是处于变化中的，大环境也会不断地相应变化。变化了的环境就会产生市场需求，如果能寻找到市场的变化所在，并且积极响应市场的变化，利用市场的变化做出相应的方案，就能找到商机的“道”！

如果社会发生了变化，而你的思维依然保持在原有的水平，是非常可怕的！

会做生意的人常常是那些能够从“无”中看出“有”来的人，做生意的人需要一双捕捉信息的眼睛。

生存的着眼点，不是事物短期的发展而是事物的中长期发展，企业生存要求有生存预见力。

参考文献

［1］比约·布劳卿，拉斯·拉克，托马斯·拉姆什．大数据变革［M］．沈浩，译．北京：机械工业出版社，2014.

［2］埃贝勒．健康产业的商机［M］．王宇芳，译．北京：中国人民大学出版社，2010.

［3］沈周俞．企业微营销［M］．北京：中华工商联合出版社，2014.

［4］吴晓波，周兵．商战：电商时代［M］．武汉：湖北教育出版社，2014.

［5］斯蒂尔．完美陈述：推介理念和赢得商机的艺术［M］．田丽霞，韩丹，刘寅龙，译．重庆：重庆出版社，2009.

［6］张启峰．经济低潮孕育大商机［M］．北京：东方出版社，2014.

［7］贾文．危机就是商机［M］．合肥：安徽人民出版社，2012.

［8］福斯特．把握商机［M］．徐玮，译．北京：中国宇航出版社，1998.

［9］霍夫曼，等．必看！绿色战略中的商机［M］．吴振阳，译．北京：机械工业出版社，2008.

［10］莫斯．重振商机：新经理人行动指南［M］．张旭，译．青岛：青岛出版社，2003.

［11］青木周．环境商机：得环境者得天下［M］．全球华译公司，译．北京：清华大学出版社，2008.